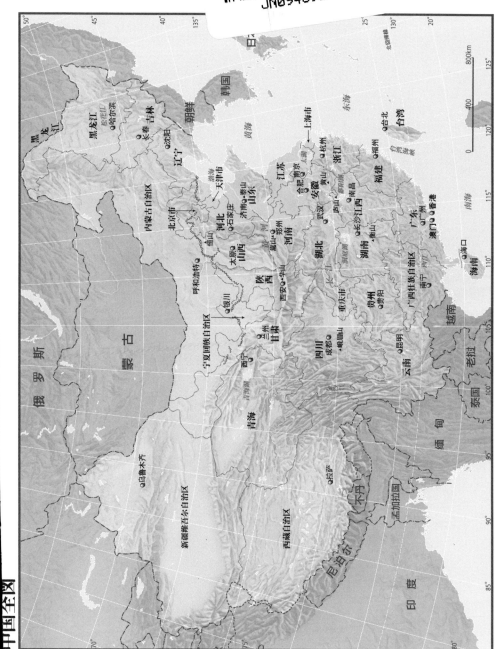

中国全图

【2023 年度版】

時事中国語の教科書

～新征程～

三潴正道

陳　祖蓓

古屋順子

朝日出版社

まえがき

　「時事中国語の教科書」は毎年出版され、過去 1 年間の出来事を様々な角度から紹介するもので、2023 年でシリーズ 27 冊目になります。

　2022 年は秋に第 20 回党大会を控えています。この原稿を書いているのは2022 年 9 月ですので、党大会の結果はまだわかりませんが、習近平が、江沢民、胡錦濤の例に倣わず、3 期目に突入することはほぼ間違いなく、なおかつ、党総書記から党主席に格上げされることも取り沙汰されています。中国共産党結党百年の 2021 年に小康社会実現を、という目標を掲げて奮闘してきた習近平は、実現達成を公式発表し、その成果を引っ提げて、さらなる権力基盤の構築を図ろうとしています。

　貧困脱却が実際にどれほど進んだかには議論もありますが、大幅に促進され、農村の様相が一変したことに疑いはなく、改革開放以来の農村振興政策の一大成果と言えましょう。

　1978 年の改革開放政策以降、1980 年代の人民公社解体、郷鎮の復活、郷鎮企業の発展を経て、1990 年代は一村一品運動や村村通（道路、電気、通信）によるインフラ整備に着手、農家生産請負制にも法的根拠を与え、発展の基盤をつくりました。2000 年代に入ると、2003 年、国務院は〈農村信用社改革推進試案〉を発表、「農村合作銀行」「農村商業銀行」など新型金融機関育成を進めると同時に、農民の転業と職業教育を推進しました。また、2005 年には年貢にあたる農業税も廃止しました。

　一方、2004 年の農民都市部流動人口は 1 億 4 千万人に達し、農村労働力再配置が焦眉の急になり、これに伴い農民工の子弟が都市の学校に入れない問題や、15 歳以下の「留守児童」が 1000 万人に達する問題がクローズアップされ、また、70％以上の農民が適切な医療を受けられない状況の改善が叫ばれ、農村新合作医療もスタートしました。

　第 13 次 5 カ年計画がスタートした 2016 年、政府は、全面的な小康社会実現を目指し、農田水利建設の大規模な推進、現代農業イノベーションの普及、現代種子産業の発展、大規模経営の先導的役割、新職業農民の育成、農業生産構造と地域分布の適正化、農業のグリーンな発展、農業と産業の融合、農産物の流通インフラと市場の構築、レジャー農業と農村観光といった農業政策の大方針を次々に打ち出しました。2018 年の“中央一号文件”では「“資本下乡”でいかに農村を富ませるか」をテーマに、5 つの振興（農村産業の振興、農村人材の振興、農村文化の振興、農村生態の振興、農村組織の振興）が掲げられ、生活ゴミ、トイレの糞尿、生活汚水といった問題も含む〈農村生活環境整備三年行動方案〉が発表されました。また、2019 年の“中央一号文件”では、農村貧困人口を 1000 万人減らすこと、300 の農村から貧困村というレッテルをはがすことが示されました。

最近の主要テーマは、農業の科学技術化。温室栽培・水耕栽培・有機野菜・花卉栽培や、科学的管理下での育苗、小型ヘリやドローンでの播種や農薬散布、科学的農薬使用法や施肥方法などの知識の普及も進んでいます。農村伝統文化の破壊や空洞化も問題になり、"城市化"（都市化）、"城乡結合"（都市と農村の結合）による農村再生の取り組みも始まっています。政府は全国伝統農村徹底調査を行い、伝統村落リストを整備し、重要保護村落を指定しています。

　現在、ほぼすべてに自動車道路が行き渡り、公共バスが運行、光ケーブルも設置され、スマホが行き渡り、EC も盛んになった農村。2020 年の農業のデジタル化レベルは 10％で、今後、急速な普及が期待されています。

　こうした農村の変化と同時進行しているのがあらゆる面でのデジタル化が起爆剤となった社会生活全体のデジタル化。また、壮大な宇宙開発 5 カ年計画も進んでおり、中国が今後 5 年で大変貌を遂げることは疑いありません。

　一方、国際関係は大きな転換点を迎え、中国もそのかじ取りに懸命の努力を払っています。降ってわいたウクライナ戦争は、中国にとって決して対岸の火事ではなく、アメリカにとって代わり、グローバルガバナンスの新しい盟主たらんと営々と努力し、築いてきた国際的地位をいかにして保持し発展させていくか、まさにその岐路に立っています。

　ロシアにとって中国は最大貿易相手国。2014 年にロシアがクリミアへ侵攻した翌年、習近平とプーチンは計 6 回会談し、主要協力文書 90 件に調印しました。同年 6 月には北京で中露天然ガスパイプライン東線中国国内部分起工式も行われており、ロシアが苦境に立った今は、天然ガスを安く仕入れる絶好のチャンスでもあります。一方、ウクライナにとっても中国は最大貿易相手国。1991 年にウクライナが独立したとき、ウクライナの軍事専門技術者が大挙して中国へ流入、1999 年には、ウクライナから空母「ワリヤーグ」を観光利用名目で購入した経歴もあります。現在、中国企業はウクライナ国内の太陽光発電建設や石油天然ガス採掘で次々と成果を上げており、一帯一路の列車も 2020 年 6 月に、武漢からキーウへ貨物列車の定期便運航が開始したところでした。

　ロシアとの経済関係で漁夫の利を得、またロシアと手を組むことで米英に対抗しようとする中国。一方、ロシアと手を組みすぎれば、中欧貿易ルートが阻害され、台湾問題がらみで更なる西側の経済的圧迫を受けかねない中国。BRICS との連帯でアメリカに対抗しつつ、コロナ危機に喘ぐ国内経済の立て直しと喫緊の課題である習政権存続をどう乗り切るか、激動の 1 年が始まろうとしています。

令和 4 年秋　三潴正道
（みつま）

目　次

各課の語注にある「⇒」は詳しい説明のある箇所を表します。
本書の発音表記では、通用規則には反しますが、連続する音節の後ろの音節が母音のみである場合だけでなく、後ろの音節が子音＋母音で構成されている場合でも、紛らわしい場合は隔音符号を付しています。

2022年，中国的"超级航天年"

Èrlíng`èr`èr nián, Zhōngguó de "chāojíhángtiānnián"

「天宮」宇宙ステーション（上）、
「天和」では飛行士たちが「問天」の打ち上げを見守る（下）

　　米露をしのぐ宇宙大国へ着々と歩み続ける中国。その成果は、政治・経済・社会・軍事とあらゆる方面へ拡大中。
　　宇宙ステーションの運営から、月・火星・小惑星の探査、太陽の観測と、その範囲は年々拡大し、測位衛星システムや、遺伝子工学にも幅広く応用されています。

2022 年 6 月 5 日，在 "神舟十三号" 回家
Èrlíng'èr'èr nián liù yuè wǔ rì, zài "Shénzhōushísānhào" huíjiā

不到 两 个 月 后，又 有 三 名 航天员 去 宇宙
búdào liǎng ge yuè hòu, yòu yǒu sān míng hángtiānyuán qù yǔzhòu

"出差" 了！这 是 中国航天员 第九 次 踏上
"chūchāi" le! Zhè shì Zhōngguóhángtiānyuán dìjiǔ cì tàshàng

征途，也 是 "长征" 系列 运载火箭 第423 次
zhēngtú, yě shì "Chángzhēng"xìliè yùnzàihuǒjiàn dìsìbǎi'èrshisān cì

冲向 太空。
chōngxiàng tàikōng.

接着，7 月 24 日，"问天实验舱" 也 被
Jiēzhe, qī yuè èrshisì rì, "Wèntiānshíyàncāng" yě bèi

送入了 太空，并且 在 13 小时 后，完成了 与
sòngrùle tàikōng, bìngqiě zài shísān xiǎoshí hòu, wánchéngle yǔ

"天和核心舱" 的 对接任务。这 是 中国 首 次
"Tiānhéhéxīncāng" de duìjiērènwu. Zhè shì Zhōngguó shǒu cì

实现了 两 个 20吨级 航天器 的 在轨对接任务。
shíxiànle liǎng ge èrshídūnjí hángtiānqì de zàiguǐduìjiērènwu.

中国空间站 "天宫" 由 三 个 部分 组成：
Zhōngguókōngjiānzhàn "Tiāngōng" yóu sān ge bùfen zǔchéng:

2021 年 升空 的 "天和核心舱"，2022 年 5
Èrlíng'èryī nián shēngkōng de "Tiānhéhéxīncāng", èrlíng'èr'èr nián wǔ

月 和 7 月 升空 的 "天舟四号" 和 "问天实验舱"。
yuè hé qī yuè shēngkōng de "Tiānzhōusìhào" hé "Wèntiānshíyàncāng".

"天宫" 在 2022 年 年底 完成 后，将 正式
"Tiāngōng" zài èrlíng'èr'èr nián niándǐ wánchéng hòu, jiāng zhèngshì

开启 中国 的 空间站时代。
kāiqǐ Zhōngguó de kōngjiānzhànshídài.

从 远古 的 女娲补天、嫦娥奔月、牛郎织女 等
Cóng yuǎngǔ de Nǚwābǔtiān、Cháng'ébēnyuè、niúlángzhīnǚ děng

神话传说 开始，可以说，中国人 的 飞天梦
shénhuàchuánshuō kāishǐ, kěyǐshuō, Zhōngguórén de fēitiānmèng

解読の手がかり

<u>由三个部分组成</u>：「3つの部分からなる」。この“由”は事物を構成する材料や要素を導きます。

例文1：日本国立博物馆由三个独立的建筑组成。
　　　　Rìběn Guólìbówùguǎn yóu sān ge dúlì de jiànzhù zǔchéng.

例文2：江苏的一个古镇由 15 条河流和 7 个小岛组成。
　　　　Jiāngsū de yí ge gǔzhèn yóu shíwǔ tiáo héliú hé qī ge xiǎodǎo zǔchéng.

<u>从神话传说开始</u>：「神話伝説から」。“从～”だけでも「～から」の意味ですが、“从～开始”で「～から」を表すこともあります。論説体では“从”の代わりに“自”、“开始”の代わりに“起”もよく使われます。

例文1：从零开始创业的人很多。
　　　　Cóng líng kāishǐ chuàngyè de rén hěnduō.

例文2：志愿者，自 5 月 24 日起报名。
　　　　Zhìyuànzhě, zì wǔ yuè èrshisì rì qǐ bàomíng.

語　注

航天	（タイトル注）「宇宙飛行」。アメリカの NASA にあたる中国の組織は“中国国家航天局”と言います。
神舟	「神舟（しんしゅう）」。中国が打ち上げた有人宇宙船の名称。
踏上征途	「遠征の途に就く」
“长征”系列运载火箭	「『長征』シリーズ運搬ロケット」
太空	「宇宙空間」。“太空飞行”＝“航天”。
问天实验舱	「問天（もんてん）実験モジュール」
天和核心舱	「天和（てんわ）コアモジュール」
对接任务	「ドッキングミッション」
首次	「初めて」「1 回目に」
在轨	「軌道上での」
空间站“天宫”	「宇宙ステーション『天宮』」
升空	「空に昇る」「空に飛び立つ」
天舟	「天舟（てんしゅう）」。「天宮」に物資を輸送する無人補給船。
将～	「～するだろう」⇒ p.77 解読の手がかり
开启～时代	「～時代の幕を開ける」
女娲补天、嫦娥奔月、牛郎织女	「女娲（じょか）、天を補う」「嫦娥（じょうが）、月に向かう」「牽牛と織女」。いずれも中国神話のタイトル。

已经 做了 几千 年，而 中国 的 航天事业 真正
yǐjīng zuòle jǐqiān nián, ér Zhōngguó de hángtiānshìyè zhēnzhèng

起步 还是 在 上世纪 五 六十 年代。1970 年 4 月，
qǐbù háishi zài shàngshìjì wǔ liùshí niándài. Yījiǔqīlíng nián sì yuè,

第一 颗 人造卫星 "东方红一号" 在 酒泉 发射
dìyī kē rénzàowèixīng "Dōngfānghóngyīhào" zài Jiǔquán fāshè

成功，中国 成为 世界 上 第五 个 发射 人造卫星
chénggōng, Zhōngguó chéngwéi shìjiè shang dìwǔ ge fāshè rénzàowèixīng

的 国家。
de guójiā.

　　1992 年，"神舟"号载人飞船工程 正式 列入
Yījiǔjiǔ'èr nián, "Shénzhōu"hàozàirénfēichuángōngchéng zhèngshì lièrù

国家计划。1999 年 11 月 20 日，"神舟一号"
guójiājìhuà. Yījiǔjiǔjiǔ nián shíyī yuè èrshí rì, "Shénzhōuyīhào"

试验飞船 在 酒泉 起飞。经过 多次 试验飞行，
shìyànfēichuán zài Jiǔquán qǐfēi. Jīngguò duōcì shìyànfēixíng,

　2003 年 10 月，中国 第一 位 航天员 杨利伟
èrlínglíngsān nián shí yuè, Zhōngguó dìyī wèi hángtiānyuán Yáng-Lìwěi

乘坐 "神舟五号" 飞船 进入 太空，实现了 中华民族
chéngzuò "Shénzhōuwǔhào" fēichuán jìnrù tàikōng, shíxiànle Zhōnghuámínzú

千 年 飞天梦想。
qiān nián fēitiānmèngxiǎng.

　　如今，航天 已 成为 全民 热门话题。中国
Rújīn, hángtiān yǐ chéngwéi quánmín rèménhuàtí. Zhōngguó

通过 29 年 的 不懈 探索，让 "神舟"、"天舟"
tōngguò èrshíjiǔ nián de búxiè tànsuǒ, ràng "Shénzhōu"、"Tiānzhōu"

和 "天宫" 等 一系列 浪漫 的 名字 逐渐 变成
hé "Tiāngōng" děng yíxìliè làngmàn de míngzi zhújiàn biànchéng

现实，让 中华文明 古老 的 飞天神话 从 梦想
xiànshí, ràng Zhōnghuáwénmíng gǔlǎo de fēitiānshénhuà cóng mèngxiǎng

走向 现实！
zǒuxiàng xiànshí!

解読の手がかり

A <u>让</u> B～：「A は B に～させる」。"让"は使役を表します。ある行為の結果を導く場合、「A の結果、B は～になる」のような訳し方もできます。

例文1：读书让人认识不同的世界。

Dúshū ràng rén rènshi bùtóng de shìjiè.

例文2：教练的一句话让选手恢复了自信。

Jiàoliàn de yí jù huà ràng xuǎnshǒu huīfùle zìxìn.

<u>变成现实</u>：「現実になる」。動詞＋結果補語の形です。動作の結果、どうなったかを表します。否定する場合は前に"没（有）"を置きます。

例文1：忙了半天，才准备好晚饭。

Mángle bàn tiān, cái zhǔnbèihǎo wǎnfàn.

例文2：体力不够，没有跑完全程马拉松。

Tǐlì búgòu, méiyǒu pǎowán quánchéng mǎlāsōng.

語　注

起步	「スタートする」
酒泉	「酒泉（しゅせん）」。甘粛省酒泉市にある「酒泉衛星発射センター」のこと。
载人飞船工程	「有人宇宙飛行プロジェクト」
列入	「（企画やリストに）入れられる」
试验飞船	「実験宇宙飛行船」
杨利伟	（人名）「楊利偉（よう・りい）」。1965 年～。中国の宇宙飛行士第一号。
如今	「今や」「現在」
热门	「ホットな」「人気のある」
不懈	「たゆまぬ」
从～走向…	「～から…に向かう」

　2022 年 1 月、国務院は中国の「2021 年宇宙事業に関する白書」を発表し、2016 年以来の成果として、①地球全体をカバーする北斗測位衛星システムの完成、②高解像度地球観測システムの基本的完成、③衛星通信と放送サービスの機能の着実な強化、④月探査プロジェクト「三歩走」の三段階（周回・着陸・帰還）の成功、⑤宇宙ステーション建設の全面的開始を挙げています。また「今後 5 年間で宇宙強国を目指す」とも宣言しています。

　具体的に見ると、まず宇宙輸送システムでは、2016 年〜 2021 年に計 207 回打上げに成功、陸地観測用・海洋観測用・地球観測用・衛星通信放送用等の衛星が実用に供されました。中でも北斗 3 号測位システムは衛星 30 基の打上げを完了、運用が開始され、多くの分野に活用されています。

　有人宇宙飛行も着実な成果を上げ、貨物輸送船「天舟」1 号の打上げと「天宮」2 号とのドッキング成功で、有人宇宙飛行の第二段階は無事終了、また、「天和」コアモジュールの打上げ成功で中国の宇宙ステーション建設が全面的実施段階に突入しました。これにより、6 人の宇宙飛行士が船外活動や科学実験を実行しています。

　近年、宇宙探査も急速に進展しています。「嫦娥」による月探査は、月の裏側への軟着陸、月のサンプル採取と回収帰還に成功しましたし、火星探査では「天問」1 号が打ち上げられ、火星を周回し、着陸に成功しました。今後は火星のサンプル採取も計画されています。こうした惑星探査プロジェクトは拡大継続され、小惑星探査機の打上げやサンプルの採取、彗星さらには木星探査などのコア技術の突破も目標に据えられています。また、太陽系探査の「羲和」号も 2021 年 10 月 14 日に発射され、今後の探査活動に期待が寄せられています。

🧑 コトバのあれこれ ── 2022 年コロナにまつわる中国語から

★动态 (or 社会) 清零 dòngtài (shèhuì) qīnglíng　「積極的ゼロ政策」

★静默 jìngmò　「静かにして黙る」。(外出規制の代わりに使われています)

★团购 tuán'gòu　「インターネットの共同購入」。(外出規制中唯一できる買い物の方式)

★大礼包 dàlǐbāo　「政府から配られた無料の食品」

★做核酸 zuò hésuān　「PCR 検査を受ける」。伝統的な挨拶 "吃了吗?" が "做核酸了吗?" に変わったほど日常化されました)

★羊 yáng　「陽性」。("羊" と "阳" の発音が同じだから)

不破楼兰终不还

Bú pò Lóulán zhōng bù huán

1979 年の考古チーム（上）、出土した絹織物には「永」と「昌」の文字が見える（下左）、2022 年に出版された侯燦氏の著書（下右）

中央アジアを探検したスウェーデンの地理学者・探検家スヴェン・ヘディンの「さまよえる湖」の話に心をときめかした人も多かったでしょう。

多くの遊牧民族の角逐の場であり、東西文化の交通路として世界史的な役割を担った中央アジアは今も人々を惹きつけます。

2022 年 是 中国近代考古学 诞生 100
Èrlíng'èr'èr nián shì Zhōngguójìndàikǎogǔxué dànshēng yìbǎi

周年 之年, 侯灿 编写 的《楼兰 考古调查 与 发掘
zhōunián zhīnián, Hóu-Càn biānxiě de «Lóulán kǎogǔdiàochá yǔ fājué

报告》也 终于 问世。楼兰 曾经 是 丝绸之路 上
bàogào» yě zhōngyú wènshì. Lóulán céngjīng shì Sīchóuzhīlù shang

贯通 东西 的 绿洲王国,但 在 公元 四 世纪 后,
guàntōng Dōng-xī de lùzhōuwángguó, dàn zài gōngyuán sì shìjì hòu,

突然 神秘 消失。1900 年,瑞典 探险家 斯文·
tūrán shénmì xiāoshī. Yījiǔlínglíng nián, Ruìdiǎn tànxiǎnjiā Sīwén ·

赫定 一行 在 中国西域 偶然 发现了 楼兰古城 和
Hèdìng yìxíng zài Zhōngguóxīyù ǒurán fāxiànle Lóulángǔchéng hé

游移 的 湖泊"罗布泊"。
yóuyí de húpō "Luóbùpō".

楼兰,曾 频频 出现在 中国古代 的 史书 和
Lóulán, céng pínpín chūxiànzài Zhōngguógǔdài de shǐshū hé

诗词 中。司马迁 的《史记》中 就 曾 记载:"楼兰、
shīcí zhōng. Sīmǎ-Qiān de «Shǐjì» zhōng jiù céng jìzǎi: "Lóulán、

姑师,邑 有 城郭,临 盐泽。"显然,楼兰 在 当时
Gūshī, yì yǒu chéngguō, lín Yánzé." Xiǎnrán, Lóulán zài dāngshí

已经 是 一 个 城郭之国。唐朝 诗人 王昌龄
yǐjīng shì yí ge chéngguōzhīguó. Tángcháo shīrén Wáng-Chānglíng

的 名句"不 破 楼兰 终 不 还"也 影响了 后世
de míngjù "bú pò Lóulán zhōng bù huán" yě yǐngxiǎngle hòushì

的 中国人。有 人 曾 调查统计过,发现 共 有
de Zhōngguórén. Yǒu rén céng diàochátǒngjìguo, fāxiàn gòng yǒu

68 首 古诗词 提到过 楼兰。
liùshíbā shǒu gǔshīcí tídàoguo Lóulán.

中国人 真正 进入 楼兰古城,却 是 在
Zhōngguórén zhēnzhèng jìnrù Lóulángǔchéng, què shì zài

解読の手がかり

有人〜：「〜する人がいる」。["有" ＋名詞（N）＋動詞性修飾語（V）] の構造は、
　　動詞性の修飾語が後ろから名詞を修飾するもので、「V する N がいる／あ
　　る」と訳します。

　　例文1：中国有足够能力应对疫情。
　　　　　　Zhōngguó yǒu zúgòu nénglì yìngduì yìqíng.
　　例文2：有时间玩游戏，但没有时间做作业。
　　　　　　Yǒu shíjiān wánr yóuxì, dàn méiyǒu shíjiān zuò zuòyè.

曾调查统计过：「かつて調査・統計を行ったことがある」。"曾〜过" は会話体
　　の "曾经〜过" に相当します。論説体では "曾" だけでも過去の経験を表し、
　　この課にある "曾频频出现" などはその例です。

　　例文1：这个演员曾参演过好莱坞的电影。
　　　　　　Zhè ge yǎnyuán céng cānyǎnguo Hǎoláiwū de diànyǐng.
　　例文2：我曾经多次去过京都。
　　　　　　Wǒ céngjīng duōcì qùguo Jīngdū.

語　注

不破楼兰终不还	（タイトル注）「楼蘭（ろうらん）を破らずんば終（つい）に還らじ」。楼蘭は今の新疆ウイグル自治区、ロプノール湖の西にあった小独立国。
侯灿	（人名）「侯燦（こう・さん）」。1936 年〜2016 年。楼蘭学専門家。
问世	「世に出る」
丝绸之路	「シルクロード」
斯文・赫定	（人名）「スヴェン・ヘディン（Sven Hedin）」。1865 年〜1952 年。スウェーデンの地理学者・中央アジア探検家。楼蘭遺跡の発見者として知られています。
游移	「さまよう」
罗布泊	「ロプノール」。ヘディンは干上がったロプノールの湖床を発見し、「さまよえる湖」説を唱えました。
楼兰、姑师，邑有城郭，临盐泽	「楼蘭・姑師（こし）は、邑（ゆう）に城郭有り、塩沢（えんたく）に臨む」。『史記』大宛列伝の記述。
王昌龄	（人名）「王昌齢（おう・しょうれい）」。698 年〜755 年。
提到〜	「〜に触れる」。動詞＋結果補語の形です。

1979 年。那 一 年，中日 决定 联合拍摄《丝绸之路》
yījiǔqījiǔ nián. Nà yì nián, Zhōng-Rì juédìng liánhépāishè «Sīchóuzhīlù»

电视系列片，其中 楼兰部分 由 中方 单独 拍摄。
diànshìxìlièpiàn, qízhōng Lóulánbùfen yóu Zhōngfāng dāndú pāishè.

年轻 的 考古学家 侯灿 两 次 奉命 率 考古队
Niánqīng de kǎogǔxuéjiā Hóu-Càn liǎng cì fèngmìng shuài kǎogǔduì

进入 楼兰，一边 协助 拍摄，一边 进行 考古发掘
jìnrù Lóulán, yìbiān xiézhù pāishè, yìbiān jìnxíng kǎogǔfājué

工作。他们 在 楼兰古城遗址 中 第一 次 发现了 一
gōngzuò. Tāmen zài Lóulángǔchéngyízhǐ zhōng dìyī cì fāxiànle yì

条 古水道，证明了 水 是 支撑 楼兰王国 繁荣
tiáo gǔshuǐdào, zhèngmíngle shuǐ shì zhīchēng Lóulánwángguó fánróng

的 重要 生存基础。
de zhòngyào shēngcúnjīchǔ.

在 孤台墓地，一行 还 找到了 绣着 "永昌" 等
Zài Gūtáimùdì, yìxíng hái zhǎodàole xiùzhe "Yǒngchāng" děng

铭文 的 丝织品。另 一 支 考古队 则 找到了 一
míngwén de sīzhīpǐn. Lìng yì zhī kǎogǔduì zé zhǎodàole yí

具 木乃伊，就是 闻名于世 的 "楼兰美女"。
jù mùnǎiyī, jiùshì wénmíngyúshì de "Lóulánměinǚ".

对 楼兰 的 研究，不论 从 历史 来看，还是 从
Duì Lóulán de yánjiū, búlùn cóng lìshǐ láikàn, háishi cóng

东西方文化交流 的 位置 来讲，都 是 极其 重要
Dōng-Xīfāngwénhuàjiāoliú de wèizhì láijiǎng, dōu shì jíqí zhòngyào

的。同时，楼兰 的 神秘 消失，也 吸引了 地理、
de. Tóngshí, Lóulán de shénmì xiāoshī, yě xīyǐnle dìlǐ,

环境、气候 等 多 门 学科 国际学术界 专家 的
huánjìng, qìhòu děng duō mén xuékē guójìxuéshùjiè zhuānjiā de

关注。
guānzhù.

解読の手がかり

一边～一边…：「～しながら…する」。"边～边…" とも言います。

例文 1：我喜欢一边听收音机一边做饭。

　　　　Wǒ xǐhuan yìbiān tīng shōuyīnjī yìbiān zuò fàn.

例文 2：爸爸一边看自己的手机，一边漫不经心地回答我的问题。

　　　　Bàba yìbiān kàn zìjǐ de shǒujī, yìbiān mànbùjīngxīnde huídá wǒ de wèntí.

极其重要：「きわめて重要である」。"极" だけでも「きわめて」という意味ですが、論説体ではしばしば "极其" "极为" といった形を採って 2 音節の動詞や形容詞を修飾し、偶数のリズムを作ります。似たものとして "尤其" "尤为" などがあります。

例文 1：网络时代，分清真假信息极其重要。

　　　　Wǎngluòshídài, fēnqīng zhēnjiǎ xìnxī jíqí zhòngyào.

例文 2：8 月份外贸出口下滑尤为明显。

　　　　Bā yuèfèn wàimàochūkǒu xiàhuá yóuwéi míngxiǎn.

語　注

由～	「～によって」「～が」⇒ p.59 解読の手がかり
奉命	「命令を受ける」
协助	「協力する」
孤台墓地	「孤台（こだい）墓地遺跡」
绣着	「刺繍してある」⇒ p.35 解読の手がかり
永昌	「永昌（えいしょう）」。後漢の地名で現在の雲南省西部一帯。絹織物の産地。
支	チームなどを数える量詞。
～则…	「一方～は…だ」。全体から個別の事例を取り出して、「この場合はこう」と説明するときに使われるものです。
一具木乃伊	「1 体のミイラ」。"具" は死体を数える量詞。
闻名于世	（四字成語）「世に知られる」
楼兰美女	「楼蘭の美女」
不论 A 还是 B，都～	「A だろうと B だろうと～だ」⇒ p.39 解読の手がかり
从～来看、从～来讲	「～から見れば」／「～から言えば」
吸引～的关注	「～の注目を引き付ける」
多门学科	「多くの専門学科」。"门" は学科を数える量詞。

11

　習近平の「偉大な中華民族の復興」というスローガンに呼応するかのように、近年の中国考古学界では、中華文化の淵源を探求する研究・発掘が盛んに行われ、中国史学会でも中国古代史研究が盛んになっていて、2019年8月26日付人民日報掲載「新中国70年中国古代史研究の繁栄・発展」（卜憲群）は、最近の関連研究書を丹念に紹介しています。

　時系列的な広がりとともに、中国の版図と辺境についての研究も盛んになっています。考古学の面では、陸のシルクロードと重なる河西回廊さらには中央アジアに及ぶ地域の様々な発掘・研究が依然活況を呈しており、歴史から忽然と姿を消した楼蘭王国や西夏の研究の進展は、長江上流の三星堆同様、大方の注目を浴びています。西域に活躍した諸民族に関する発見も相次いでおり、2019年〜2021年に発掘された甘粛省武威の吐谷渾王侯墓群からは、7世紀頃（唐代）の金銀の馬具が大量に発見されています。

　史学会でも辺境史研究は進んでおり、雲南大学方鉄教授は2016年11月14日付人民日報で「中国辺境と中国の歴史的版図を研究することは辺境統治に関わる歴史的問題を研究することである」と述べ、同研究が、辺境地区の安定した発展の実現と、中国と隣国の関係の適切な処理に欠かせないと指摘しています。同じ日、中国社会科学院中国辺境史地研究センター馬大正研究員の「中国古代辺境統治研究」というテーマの記事も掲載され、これらを総合すると、背景に政治的要請があることは歴然としています。

　純粋な学術的研究も進められています。なかでも、秦漢時代の西域経営を支えた交通の発展に関し、王子今教授が2015年以降に出版した『秦漢交通史新知識』『戦国秦漢交通の枠組みと地域行政』『秦漢交通考古』『中国古代交通文化論叢』の4書は注目すべき成果と言えましょう。

😊 コトバのあれこれ —— 旧詞新用（1）

★辟谷 bìgǔ　由来は約2400年前の書籍《黄帝内経》。「断食」に近いニュアンスで、いっとき炭水化物を断つという治療法ですが、今はダイエットの意。

★不克 búkè　由来は春秋時代の史書《春秋左伝》。本来「克服できない」という意ですが、最近は"不克出席"で出席できないことをことわる決まり文句になりました。

★锦鲤 jǐnlǐ　日本で改良された鑑賞用の鯉のことですが、最近「強運」「幸運」「ついている」という意味で使われています。

胡月，超酷！

Hú-Yuè, chāo kù!

この足で、どこにでも行ける

　パラリンピックが障碍者に対する福祉事業として見られた時代から、人々の尊敬と憧れの対象へと変貌しつつある現代。
　その努力と、人間の持つ無限の可能性は驚嘆と同時に、くじけそうな人々に勇気と希望を与えました。障碍を個性に変えようとするその姿こそが美しい。

黑暗 中, **假肢** 闪闪发光。"**闪光少女**" 名叫
Hēi'àn zhōng, jiǎzhī shǎnshǎnfāguāng. "Shǎnguāngshàonǚ" míngjiào

胡月, 在 **汶川地震** 中 因 受伤 而 **截肢**。乐观
Hú-Yuè, zài Wènchuāndìzhèn zhōng yīn shòushāng ér jiézhī. Lèguān

的 她, 为 自己 设计了 闪光假肢, **惊艳** 无数 人。
de tā, wèi zìjǐ shèjìle shǎnguāngjiǎzhī, jīngyàn wúshù rén.

2008 年 汶川地震, **年仅** 12 岁 的 胡月
Èrlínglíngbā nián Wènchuāndìzhèn, nián jǐn shí'èr suì de Hú-Yuè

被 救出来 时, 由于 **伤势 严重, 不得不** 进行 截肢。
bèi jiùchūlai shí, yóuyú shāngshì yánzhòng, bùdébù jìnxíng jiézhī.

截肢 后, 胡月 也 担心 别人 用 异样 的 眼光 看。
Jiézhī hòu, Hú-Yuè yě dānxīn biéren yòng yìyàng de yǎnguāng kàn.

2018 年, 她 第一 次 穿了 短裤。
Èrlíngyībā nián, tā dìyī cì chuānle duǎnkù.

心态 的 巨大 转变 **始于** 2022 年初。胡月
Xīntài de jùdà zhuǎnbiàn shǐyú èrlíng'èr'èr niánchū. Hú-Yuè

受 邀 参加了 2022 年 **北京冬残奥会** 开幕式
shòu yāo cānjiāle èrlíng'èr'èr nián Běijīngdōngcán'àohuì kāimùshì

表演。"我 认识了 很多 同样 截肢 的 朋友, 其中
biǎoyǎn. "Wǒ rènshile hěnduō tóngyàng jiézhī de péngyou, qízhōng

还 有 截肢 后 登上 **珠穆朗玛峰** 的 人。这 让 我
hái yǒu jiézhī hòu dēngshàng Zhūmùlǎngmǎfēng de rén. Zhè ràng wǒ

意识到 截肢患者 也 可以 做 很多 事, 也 可以 去
yìshidào jiézhīhuànzhě yě kěyǐ zuò hěnduō shì, yě kěyǐ qù

追逐 梦想, 不必 太 在意 别人 的 眼光。"
zhuīzhú mèngxiǎng, búbì tài zàiyì biéren de yǎnguāng."

最近, 胡月 将 自己 的 假肢 装饰出了 **酷炫**
Zuìjìn, Hú-Yuè jiāng zìjǐ de jiǎzhī zhuāngshìchūle kùxuàn

闪光效果, 大家 也 亲切地 称 她 是 "真实版
shǎnguāngxiàoguǒ, dàjiā yě qīnqiède chēng tā shì "zhēnshíbǎn

解読の手がかり

将〜：「〜を」。会話体の "把" に相当します。目的語を動詞の前に引き出し、その目的語に何らかの処置を加えることを表す介詞です。これを使った文を処置文とも言います。

例文 1：特朗普将 FBI 告上法院。

Tèlǎngpǔ jiāng FBI gàoshàng fǎyuàn.

例文 2：政治家往往把责任推给秘书。

Zhèngzhìjiā wǎngwǎng bǎ zérèn tuīgěi mìshū.

亲切地称她是〜：「親しみを込めて彼女を〜と呼ぶ」。"地" は連用修飾語（中国語文法では「状況語」）を導く助詞です。

例文 1：孩子们兴高采烈地打开圣诞礼物。

Háizimen xìnggāocǎiliède dǎkāi shèngdànlǐwù.

例文 2：垃圾分类能有效地利用其中的 "资源" 部分。

Lājīfēnlèi néng yǒuxiàode lìyòng qízhōng de "zīyuán" bùfen.

語　注

胡月	（タイトル注）（人名）「胡月（こ・げつ）」
超酷	（タイトル注）「超カッコイイ」。"酷" は cool の音訳。
假肢	「義肢」
闪光少女	「閃光少女」。王冉（おう・ぜん）監督による 2017 年の同名の映画から。
汶川地震	「四川大地震」。2008 年 5 月 12 日、四川省アバ・チベット族チャン族自治州汶川で起きた大地震のこと。
截肢	「手足を切断する」
惊艳	「その美しさに驚く」「その美しさで人を驚かせる」
年仅〜岁	「わずか〜歳」
被救出来	「救出される」⇒ "被" は p.29、"出来" は p.21 解読の手がかり
伤势严重	「けがの状況が深刻だ」
不得不〜	「〜せざるをえない」
心态	「気持ち」「意識」
始于〜	「〜から始まる」。動詞＋"于" は後に場所や時間も取ります。
受邀参加	「招待されて参加する」
北京冬残奥会	「北京冬季パラリンピック」
珠穆朗玛峰	「チョモランマ」。エベレストの中国名でチベット語由来。
意识到〜	「〜を意識する」。動詞＋結果補語の形です。
酷炫	「個性的でセンスがいい」

闪光少女"。 胡月 说, 这 个 闪光假肢**外壳** 是 由
shǎnguāngshàonǚ". Hú-Yuè shuō, zhè ge shǎnguāngjiǎzhīwàiké shì yóu

她 和 学 设计 的 朋友 一起 设计 的, 而 这 位
tā hé xué shèjì de péngyou yìqǐ shèjì de, ér zhè wèi

朋友 也 是 一 位 截肢患者。 如今, **穿着** 酷炫 的
péngyou yě shì yí wèi jiézhīhuànzhě. Rújīn, chuānzhe kùxuàn de

假肢 **走在** 路上, 胡月 也 **变得** **更加** 自信。
jiǎzhī zǒuzài lùshang, Hú-Yuè yě biànde gèngjiā zìxìn.

生活 和 工作 中 的 胡月 是 一 个 爱 笑、
Shēnghuó hé gōngzuò zhōng de Hú-Yuè shì yí ge ài xiào,

爱 运动 的 女孩子。 她 喜欢 **滑板**、 跳舞 等
ài yùndòng de nǚháizi. Tā xǐhuan huábǎn、 tiàowǔ děng

运动, 尤其 **享受** 在 滑板 上 风 从 耳边 **呼啸**
yùndòng, yóuqí xiǎngshòu zài huábǎn shang fēng cóng ěrbiān hūxiào

而 过 的 感觉。"脚 **踩在** 滑板 **上**, **风 吹过来** 的
ér guò de gǎnjué. "Jiǎo cǎizài huábǎn shang, fēng chuīguòlai de

时候, 特别 舒服, 感觉 自己 非常 自由, 可以 滑去
shíhou, tèbié shūfu, gǎnjué zìjǐ fēicháng zìyóu, kěyǐ huáqù

任何 地方。" 胡月 说, 不 太 喜欢 别人 同情 的
rènhé dìfang." Hú-Yuè shuō, bú tài xǐhuan biéren tóngqíng de

目光, "虽然 我 受过 伤, 但 我 一直 在 运动
mùguāng, "Suīrán wǒ shòuguo shāng, dàn wǒ yìzhí zài yùndòng

中 寻找 快乐。" 她 说, 还 有 一 个 梦想, 希望
zhōng xúnzhǎo kuàilè." Tā shuō, hái yǒu yí ge mèngxiǎng, xīwàng

能 带着 她 的 小钢腿 去 潜水、去 **跳伞**、去 看遍
néng dàizhe tā de xiǎogāngtuǐ qù qiánshuǐ、 qù tiàosǎn、 qù kànbiàn

江河湖海 平原山川。
jiānghéhúhǎi píngyuánshānchuān.

自信 的 女孩 最 美, **为** "闪光少女" **,点赞**!
Zìxìn de nǚháir zuì měi, wèi "shǎnguāngshàonǚ" diǎnzàn!

解読の手がかり

胡月是一个~的女孩子：「胡月さんは～な女性だ」。[A 是一个 B] の構文です。
　　これは、「A とはこういうものだ」という説明口調を表し、"一个" を「1
　　人の」と訳す必要はありません。量詞は "个" に限らず、後の名詞に応じ
　　たものに替わります。

　　例文1：这是一份有关高考的资料。
　　　　　　Zhè shì yí fèn yǒuguān gāokǎo de zīliào.
　　例文2：特斯拉是一家什么样的企业呢?
　　　　　　Tèsīlā shì yì jiā shénmeyàng de qǐyè ne?

虽然我受过伤，但~：「私は怪我を負ったが、しかし～だ」。"虽然" と "但"
　　のどちらかが省略される場合もあります。

　　例文1：过来人的忠告，虽然刺耳但很现实。
　　　　　　Guòláirén de zhōnggào, suīrán cì'ěr dàn hěn xiànshí.
　　例文2：山洪冲垮了很多房子，但没有人员伤亡。
　　　　　　Shānhóng chōngkuǎle hěnduō fángzi, dàn méiyǒu rényuán shāngwáng.

語　注

外壳	「硬くコーティングされた外側」
穿着~	「～を身に着けて」⇒ p.27 解読の手がかり
走在~	「～を歩く」⇒ p.59 解読の手がかり
变得更加自信	「より自信を持つようになった」⇒ p.83 解読の手がかり
爱~	「よく～する」
滑板	「スケートボード」
享受	「享受する」「楽しむ」
呼啸而过	「(風が) びゅうびゅう通り過ぎる」
踩在~上	「しっかり～を踏みつける」
风吹过来	「風が吹いてくる」
跳伞	「パラシュート」
为~点赞	「～に『いいね』をつける」

中国では、鄧小平氏の息子鄧樸方氏が文革時の迫害で障碍者となったこともあり、早くも 1986 年に国務院が「国連身障者十年」中国組織委員会を設立して国連活動に参加、2000 年には〈新世紀身障者権利北京宣言〉を発しました。2003 年の第 58 回国連総会が鄧樸方氏に国連人権賞を授与したのはその努力の表れでしょう。

習近平氏の第二期政権がスタートした 2017 年以降、障碍者対策は加速し、李克強首相は 2017 年 2 月〈障碍予防と障碍者リハビリ条例〉に、5 月には、1994 年版〈身障者教育条例〉の大幅改定に署名、障碍児の一般学校への進学の奨励、義務教育の確保、身障者教育の教員拡充を謳い、公務員への身障者の一定割合の雇用も始めました。翌年 2 月には身障者向け補助政策（貧困障碍者手当、重度障碍者介護手当）が県レベルで完了、それぞれ 1000 万人に合計 300 億元が支給されるようになりました。身障者の社会生活をサポートする動きも活発で、2020 年には、3 万余りの行政ネットが視覚障碍者の音声などによる自由な利用を可能にしています。また、北京パラリンピックを契機に、2022 年 3 月、国務院は〈中国身障者体育事業の発展と権利の保障〉を発表、本格的な障碍者スポーツの育成にも乗り出しています。

2022 年 1 月に発表された〈国家身障予防行動計画（2021-2025）〉の主要ポイントは、第一が予防知識の普及活動、第二が発生予防への取り組み、第三が出産事故及び発育障碍への対処、第四が事故による障碍の防止、第五がリハビリ支援の 5 つで、中でも、中国の成年身障者発生原因の 56％が慢性病（高血圧・糖尿病など）に起因するため、食生活の改善、喫煙や受動喫煙の対策に力を入れ、また、リハビリ学部学科の新設による人材確保、精神障碍者・知的障碍者に対する地域サポートも強化する方針です。

🙎 コトバのあれこれ ── 旧詞新用（2）

★探店 tàndiàn　店を探すだけでなく、そこの値段や味、店内の雰囲気などいろいろ調べること。会食の幹事がやりそうなことでしょう。

★踩雷 cǎiléi　地雷を踏むという意から違法なことをするという意で使われています。女性はよくひどい目にあったとき使います。

★塑料 sùliào　もとはプラスチックですが、転じて脆い関係を指します。

　例：塑料友情（脆い友情）、塑料姐妹（脆い姉妹関係）。

国潮，仍在继续

Guócháo, réng zài jìxù

「中国風」を取り入れたドレス（右）、
中医薬は新型コロナウイルス治療にも
活躍（下）

　列強の蹂躙による百年の屈辱を跳ね返し、21 世紀の大国として、輝かしい中華文明の復興と普及に邁進する中国。
　久しく埋もれていた伝統文化の発掘は今まさに伝承と革新という新しい波を起こしつつあります。唯我独尊に陥らず、いかに国際社会に貢献するか、世界が注目。

〈1〉 "新中式穿搭"
yī "Xīn-Zhōngshìchuāndā"

2022 年 夏天,"新中式穿搭" 大流行。所谓
Èrlíng'èr'èr nián xiàtiān "xīn-Zhōngshìchuāndā" dàliúxíng. Suǒwèi

的 "新中式穿搭",就是 把 一些 传统元素 搭配在
de "xīn-Zhōngshìchuāndā", jiùshì bǎ yìxiē chuántǒngyuánsù dāpèizài

现在 的 服装款式 上,既 有 实用性 又 有
xiànzài de fúzhuāngkuǎnshì shang, jì yǒu shíyòngxìng yòu yǒu

现代感。 传统 中式元素 一 是 指 款式,比如
xiàndàigǎn. Chuántǒng Zhōngshìyuánsù yī shì zhǐ kuǎnshì, bǐrú

立领、斜襟、盘扣 等;二 是 指 工艺 和 图案,比如
lìlǐng、 xiéjīn、 pánkòu děng; èr shì zhǐ gōngyì hé tú'àn, bǐrú

刺绣、 山水花鸟、 书法 等。 这些 元素 被 加入
cìxiù、 shānshuǐhuāniǎo、 shūfǎ děng. Zhèxiē yuánsù bèi jiārù

现代时装 中,就 会 呈现出 崭新 的 风格。
xiàndàishízhuāng zhōng, jiù huì chéngxiànchū zhǎnxīn de fēnggé.

"新中式穿搭" 的 火爆,与 中国人 心中 的
"Xīn-Zhōngshìchuāndā" de huǒbào, yǔ Zhōngguórén xīnzhōng de

古典情愫 也 有着 密不可分 的 关系。但是
gǔdiǎnqíngsù yě yǒuzhe mìbùkěfēn de guānxi. Dànshì

纯中式风 的 穿搭,在 日常 中 似乎 有点
chún-Zhōngshìfēng de chuāndā, zài rìcháng zhōng sìhū yǒudiǎnr

过于 沉重,因此, 传统元素 的 点缀式用法 更
guòyú chénzhòng, yīncǐ, chuántǒngyuánsù de diǎnzhuìshìyòngfǎ gèng

符合 现代人 的 审美观,随意 但 又 吸睛。
fúhé xiàndàirén de shěnměiguān, suíyì dàn yòu xījīng.

如果 说 "旗袍 不 挑 中国人",那么 "新中式旗袍"
Rúguǒ shuō "qípáo bù tiāo Zhōngguórén", nàme "xīn-Zhōngshìcqípáo"

则 是 谁 穿 谁 好看。
zé shì shéi chuān shéi hǎokàn.

〈2〉 中药 治 新冠
èr Zhōngyào zhì xīnguān

2021 年 10 月 中旬 以后,国内多地 相继
Èrlíng'èryī nián shí yuè zhōngxún yǐhòu, guónèiduōdì xiāngjì

解読の手がかり

呈現出~：「～を呈する」。動詞＋方向補語の形です。ここでの"出"は派生
用法で、見えなかったものが見える状態になることを表します。方向補語
にはこのような派生用法が多くあります。

例文1：我看出来了，这是王老师的字。

　　　Wǒ kànchūlai le, zhè shì Wáng lǎoshī de zì.

例文2：刚才还是晴天，突然下起雨来了。

　　　Gāngcái háishi qíngtiān, tūrán xiàqǐ yǔ lái le.

谁穿谁好看：「着た人は美しく見える」。同じ疑問詞が前後で呼応する構文で
す。「誰か」が着ると、その「誰か」は美しく見えるという意味になります。
疑問詞は"谁"に限らず様々なものが使われます。

例文1：你吃什么，我吃什么。

　　　Nǐ chī shénme, wǒ chī shénme.

例文2：怎么方便就怎么做吧。

　　　Zěnme fāngbiàn jiù zěnme zuò ba.

語　注

国潮	（タイトル注）「国産ブーム」
仍	（タイトル注）「依然として」。会話体の"仍然"に相当します。
新中式穿搭	「新しい中国風着こなし」。ここでは「アレンジ」の意。
传统元素	「伝統の要素」
搭配	「組み合わせる」「取り入れる」
款式	「デザイン」
既有~又有…	「～もあれば…もある」⇒ p.29 解読の手がかり
立领、斜襟、盘扣	「立ち襟、詰襟からの斜めライン、装飾性のある布ボタン」
~，就…	「～すると、…する」⇒ p.27 解読の手がかり
火爆	「爆発的な人気」
与~有关系	「～と関係がある」。"与"は会話体の"和""跟"に相当します。
有着	「持っている」。会話体では単に"有"ですが、論説体では"着"がつくこともあります。
密不可分	「不可分の」「密接な」
似乎~	「どうやら～のようだ」
点缀式	「飾りを添える程度」
旗袍不挑中国人	「チャイナドレスは中国人（女性）なら誰が着てもいい」。"不挑人"は「人を選ばない」という意。

发生 新冠疫情。在 这 场 没有 硝烟 的 战"疫"
fāshēng xīnguānyìqíng. Zài zhè cháng méiyǒu xiāoyān de zhàn"yì"

中，中医药 发挥了 重要 作用。2020 年 1 月，
zhōng, Zhōngyīyào fāhuīle zhòngyào zuòyòng. Èrlíng'èrlíng nián yī yuè,

武汉 发生 新冠疫情 后， 国家卫健委 和
Wǔhàn fāshēng xīnguānyìqíng hòu, Guójiāwèijiànwěi hé

中医药管理局 就 推荐 使用 中药，起到了 有效
Zhōngyīyàoguǎnlǐjú jiù tuījiàn shǐyòng Zhōngyào, qǐdàole yǒuxiào

的 治疗效果。
de zhìliáoxiàoguǒ.

　　2021 年 以后，各地 的 定点医院 都 让
Èrlíng'èryī nián yǐhòu, gèdì de dìngdiǎnyīyuàn dōu ràng

患者 在 第一时间 服用 中药汤剂。担任 调剂、煎煮
huànzhě zài dìyīshíjiān fúyòng Zhōngyàotāngjì. Dānrèn tiáojì、 jiānzhǔ

和 配送 任务 的 也 都 是 各地 的 中医药 大学。
hé pèisòng rènwu de yě dōu shì gèdì de Zhōngyīyào dàxué.

一 位 参与 治疗 的 中医师 说，"患者 都 很 积极
Yí wèi cānyù zhìliáo de Zhōngyīshī shuō, "Huànzhě dōu hěn jījí

配合 中医治疗，服用 中药 后，不仅 症状 有所
pèihé Zhōngyīzhìliáo, fúyòng Zhōngyào hòu, bùjǐn zhèngzhuàng yǒusuǒ

减轻，而且 心理 上 的 紧张 一定程度 得到了
jiǎnqīng, érqiě xīnlǐ shang de jǐnzhāng yídìngchéngdù dédàole

缓解。"
huǎnjiě. "

　　中医专家 张伯礼 主导了 中医药 参与 治疗
Zhōngyīzhuānjiā Zhāng-Bólǐ zhǔdǎole Zhōngyīyào cānyù zhìliáo

新冠 的 工作，他 认为，"中医 西医 互相 协同，
xīnguān de gōngzuò, tā rènwéi, "Zhōngyī Xīyī hùxiāng xiétóng,

对于 减轻 肺脏炎症，促进 吸收，提高 免疫功能，
duìyú jiǎnqīng fèizàngyánzhèng, cùjìn xīshōu, tígāo miǎnyìgōngnéng,

保护 脏器，都 是 效果 明确 的。"
bǎohù zàngqì, dōu shì xiàoguǒ míngquè de. "

解読の手がかり

调剂、煎煮和配送：「調剤し、薬を煎じ、配送する」。文中のポーズを表す“,”
と、並列を表す“、”の使い分けに注意しましょう。並列する項目が３つ以
上ある場合、最後の項目の前にはよく“和”が使われますが、これだけを
「と」と訳す必要はありません。

例文 1 : 气象、水文和自然资源等部门预测，第 9 号台风即将登陆。

Qìxiàng、shuǐwén hé zìránzīyuán děng bùmén yùcè、dì jiǔ hào táifēng jíjiāng dēnglù.

例文 2 : 网红经济、证券、养殖业等板块指数跌幅居前。

Wǎnghóngjīngjì、zhèngquàn、yǎngzhíyè děng bǎnkuàizhǐshù diēfú jū qián.

一位参与治疗的中医师：「治療に加わった中医師」。名詞に複数の修飾語がつ
く場合、その名詞の数量に関わる語句は先頭に置かれるのが一般的です。
日本語では数量と被修飾語は近くに置いて訳すほうが自然ですが、数字が
1 の場合はわざわざ訳す必要はありません。

例文 1 : 一个现在没用的功能以后可能会有用。

Yí ge xiànzài méi yòng de gōngnéng yǐhòu kěnéng huì yǒuyòng.

例文 2 : 我找到了一张 20 年前和朋友一起买的唱片。

Wǒ zhǎodàole yì zhāng èrshí nián qián hé péngyou yìqǐ mǎi de chàngpiàn.

語　注

新冠疫情　　　「新型コロナウイルスによる感染症」
没有硝烟的战“疫”「硝煙のない戦『疫』」
国家卫健委、中医药管理局　「国家衛生健康委員会」／「中医薬管理局」。い
　　　　　　　ずれも政府機関の名称。
起~效果　　　「~の効果を引き出す」
定点医院　　　「指定病院」
第一时间　　　「まず」「まっさきに」
中药汤剂　　　「液体の漢方薬」
积极配合　　　「積極的に協力する」
不仅~，而且…　「~だけでなく、…も」⇒ p.65 解読の手がかり
有所　　　　　「ある程度」「一定程度」
得到缓解　　　「緩和される」
张伯礼　　　　（人名）「張伯礼（ちょう・はくれい）」。1948 年～。著名な
　　　　　　　中医学専門家。
参与~的工作　　「~の仕事に加わる」

2016 年に中医薬産業初の国家戦略プラン〈中医薬発展戦略プラン綱要（2016-2030)〉が公布された後、2019 年 10 月には国務院から〈中医薬伝承革新発展に関する意見〉が出されました。その内容は、国家中医学センター・地域中医医療センターを中心に、各行政レベル中医医療機関や他の医療機関の中医科を骨格にして末端医療衛生機関を配置、2022 年までに県レベル中医医療機関を全国に設け、社区（地域コミュニティ）衛生サービスセンターや郷鎮衛生院に極力中医館・中医医師を配備する、というものです。さらに、大衆の健康増進面での中医学独自の役割、質の向上と関連産業の発展、人材育成、中医薬の伝承・開放・革新が掲げられました。同月 25 日の全国中医薬大会では習近平が「中国医学は中華民族の数千年にわたる健康養生理念とその実践経験を含む中華文明の宝である」と指摘、これを守り発展させ、健康な中国の建設に貢献するよう指示しました。

　こうした中、様々な関連分野でも取り組みが進み、2021 年、国務院は〈中医薬の特色ある発展の加速に関する若干の政策措置〉を通達、その中で師弟制度の重要性を強調、臨床教育に全面的に取り入れました。北京医科大学ではさらに、高い技術と仁愛の精神を兼ね備えた民間の中医医師を積極的に招聘しています。薬材生産も各地で盛んになり、貧困人口の増収と結びつけている地方もあります。また、2022 年初頭、湖北省など 19 省が連合して漢方薬材を集中して買い付け、応募企業 157 社 182 品目中、97 社 111 品目が合格、平均価格は従来より 42.27％下落しました。一方、歴史に埋もれていた名処方箋の発掘も進み、2018 年には 103 冊の古典に記載された 10 万余りの処方から 100 種が、国家中医薬管理局から〈古代経典名方目録〉として発表され、今後、さらなる継続的成果が期待されています。

コトバのあれこれ ── 旧詞新用（3）

★友好型 yǒuhǎoxíng　　　「～に優しい」というパターンで使われています。

　例：地球友好型（地球に優しい）、儿童友好型（子供に優しい）

★野性消費 yěxìng xiāofèi　「衝動買い」。もとは別々の単語で、冷静に考えないまま買い物をすることを指すようになりました。

★一地鸡毛 yí dì jīmáo　　　もともとは些細な問題がたくさんあるという意ですが、今は悲惨な結果を指すことが多いです。

"帐篷经济" 折射消费新趋势

"Zhàngpéngjīngjì" zhéshè xiāofèi xīnqūshì

コロナ禍もあってキャンプは大人気

３年に及ぶコロナ禍で、逼塞を余儀なくされた庶民たち。その鬱憤を晴らすべく、人々が自然との触れ合いに目覚めています。
果物狩りや民宿など多様化する農村観光、登山・ハイキング・サイクリング、さらにはキャンプの流行と、アウトドア人気はとどまるところを知りません。

支 一 顶 帐篷, 带 一些 食物, 邀 三五
Zhī yì dǐng zhàngpeng, dài yìxiē shíwù, yāo sānwǔ

好友, 拥抱 自然, 共话 家常。近年来, 露营 成为
hǎoyǒu, yōngbào zìrán, gònghuà jiācháng. Jìnniánlái, lùyíng chéngwéi

广受 欢迎 的 休闲娱乐活动 之一。通过 这 种
guǎngshòu huānyíng de xiūxiányúlèhuódòng zhīyī. Tōngguò zhè zhǒng

形式 的 "微度假", 人们 感受 回归 自然 的 舒适,
xíngshì de "wēidùjià", rénmen gǎnshòu huíguī zìrán de shūshì,

尽享 与 家人朋友 相聚 的 欢乐。
jìnxiǎng yǔ jiārénpéngyou xiāngjù de huānlè.

"3、2、1, 茄子。" 90后 的 杨金秋 和 两 位
"Sān、èr、yī, qiézi." Jiǔlínghòu de Yáng-Jīnqiū hé liǎng wèi

朋友 正 对着 手机镜头 开心 自拍。三 个 人 在
péngyou zhèng duìzhe shǒujījìngtóu kāixīn zìpāi. Sān ge rén zài

旅行平台 上 刷到 一 个 不 太 远 但 很 有 人气
lǚxíngpíngtái shang shuādào yí ge bú tài yuǎn dàn hěn yǒu rénqì

的 露营地 后, 说 走 就 走, 驱车 一 个 小时
de lùyíngdì hòu, shuō zǒu jiù zǒu, qūchē yí ge xiǎoshí

赶来。
gǎnlái.

数据 显示, 2022 年 上半年, "露营" 在
Shùjù xiǎnshì, èrlíng'èr'èr nián shàngbànnián, "lùyíng" zài

旅行平台 的 访问热度 达到 历史峰值。购物平台 上,
lǚxíngpíngtái de fǎngwènrèdù dádào lìshǐfēngzhí. Gòuwùpíngtái shang,

帐篷、天幕、户外椅、户外垫 等 成为 消费者
zhàngpeng、tiānmù、hùwàiyǐ、hùwàidiàn děng chéngwéi xiāofèizhě

新宠。2022 年 6 月 25 日, 北京、郑州、
xīnchǒng. Èrlíng'èr'èr nián liù yuè èrshiwǔ rì, Běijīng、Zhèngzhōu、

青岛、深圳、厦门 五 个 城市, 七 家 营地 在
Qīngdǎo、Shēnzhèn、Xiàmén wǔ ge chéngshì, qī jiā yíngdì zài

同一 时间、不同 城市 举办了 一 场 户外音乐会,
tóngyī shíjiān、bùtóng chéngshì jǔbànle yì chǎng hùwàiyīnyuèhuì,

解読の手がかり

对着~自拍：「～に向かって自撮りする」。"V₁ 着 V₂"は、「V₁ の形で V₂ する」、
あるいは「V₁ の状況で V₂ する」ということを表します。

　　例文 1：请大家不要看着手机走路。
　　　　　　Qǐng dàjiā búyào kànzhe shǒujī zǒulù.

　　例文 2：很多人喜欢抱着枕头睡觉。
　　　　　　Hěnduō rén xǐhuan bàozhe zhěntou shuìjiào.

说走就走：「行くと言ったら行く」。この"就"は前の条件を受ける用法です。
論説体では"就"の代わりに"便"も使われ、"就／便"の前後で主語が替
わる場合もあります。

　　例文 1：孩子说要，妈妈就买。
　　　　　　Háizi shuō yào, māma jiù mǎi.

　　例文 2：有出行需求的地方便有共享单车。
　　　　　　Yǒu chūxíngxūqiú de dìfang biàn yǒu gòngxiǎngdānchē.

語　注

支帐篷	「ポールを立ててテントを張る」
顶	「張り」。傘やテントを数える量詞。
共话家常	「ともによもやま話をする」
微度假	「ちょい休暇」
尽享	「楽しみを味わいつくす」
与~相聚	「～と集う」。"与~相 V"「とV する」は論説体の常用表現。
茄子	「チーズ」。意味は「ナス」ですが、写真を撮るときの掛け声「チーズ」の音訳として使われます。
90 后	「90 年代生まれの世代」
杨金秋	(人名)「楊金秋(よう・きんしゅう)」
旅行平台	「旅行予約ウェブサイト」
刷到	「ウェブサイトで見つける」
驱车	「車を走らせる」
访问热度	「アクセスの人気度」「訪問者の人気度」
达到历史峰值	「史上最高になる」
天幕、户外椅、户外垫	「タープ、アウトドアチェア、アウトドアクッション」
新宠	「新しいお気に入り」
北京、郑州、青岛、深圳、厦门	(地名)「北京(ペキン)、鄭州(ていしゅう)、青島(チンタオ)、深圳(しんせん)、アモイ」

为 户外生活 增添了 人文色彩。
wèi hùwàishēnghuó zēngtiānle rénwénsècǎi.

露营商品 其实 早在 1994 年 就 问世 了，
Lùyíngshāngpǐn qíshí zǎo zài yījiǔjiǔsì nián jiù wènshì le,

但 直到 2008 年 北京奥运会 后 才 有了 起色。
dàn zhídào èrlínglíngbā nián Běijīng'àoyùnhuì hòu cái yǒule qǐsè.

但是，2015 年 以后，商品销售量 持续 下降。到
Dànshì, èrlíngyīwǔ nián yǐhòu, shāngpǐnxiāoshòuliàng chíxù xiàjiàng. Dào

2019 年 之前，很多 户外用品销售公司 退出
èrlíngyījiǔ nián zhīqián, hěnduō hùwàiyòngpǐnxiāoshòugōngsī tuìchū

市场，"那时候，真的 是 没法 干 了，两 个
shìchǎng, "nàshíhou, zhēnde shì méifǎ gàn le, liǎng ge

交叉杆 的 帐篷 卖 两百多，毛利润 大概 只有
jiāochāgǎn de zhàngpeng mài liǎngbǎiduō, máolìrùn dàgài zhǐyǒu

10%"，一 家 公司 的 老板 说。
bǎifēnzhīshí", yì jiā gōngsī de lǎobǎn shuō.

2020 年 也 被 称为 中国 露营元年。在
Èrlíng'èrlíng nián yě bèi chēngwéi Zhōngguó lùyíngyuánnián. Zài

随后 的 两 年 里，受 疫情 叠加 影响，露天
suíhòu de liǎng nián li, shòu yìqíng diéjiā yǐngxiǎng, lùtiān

开放 的 近郊游 和 无接触服务，成为 更多 游客
kāifàng de jìnjiāoyóu hé wújiēchùfúwù, chéngwéi gèngduō yóukè

的 选择。如今 露营 的 场景 也 越来越 多元化，
de xuǎnzé. Rújīn lùyíng de chǎngjǐng yě yuèláiyuè duōyuánhuà,

既有 自己 搭 帐篷 的，也有 "拎包入住式" 的。
jì yǒu zìjǐ dā zhàngpeng de, yě yǒu "līnbāorùzhùshì" de.

私家车 的 普及、城乡道路 等 基础设施 建设 的
Sījiāchē de pǔjí, chéngxiāngdàolù děng jīchǔshèshī jiànshè de

完善，也 是 露营经济 的 有力推手。
wánshàn, yě shì lùyíngjīngjì de yǒulìtuīshǒu.

解読の手がかり

<u>被称为～</u>：「～と呼ばれる」。"被"は受身を表します。"被"の後に動作主が
入ることもあります。

例文 1 ：这份合同被认定无效。
　　　　Zhè fèn hétong bèi rèndìng wúxiào.

例文 2 ：南昌一个少年 16 岁就被清华大学录取。
　　　　Nánchāng yí ge shàonián shíliù suì jiù bèi Qīnghuádàxué lùqǔ.

<u>既有～，也有…</u>：「～もあれば…もある」。"也"の代わりに"又""还"が使
われることもあります。"既"は「すでに」ではないので気をつけましょう。

例文 1 ：我的少年时期既没有手机，也没有互联网。
　　　　Wǒ de shàoniánshíqī jì méiyǒu shǒujī, yě méiyǒu hùliánwǎng.

例文 2 ：对文明起源和形成的探究是一个既复杂又漫长的系统工程。
　　　　Duì wénmíng qǐyuán hé xíngchéng de tànjiū shì yí ge jì fùzá yòu màncháng de
　　　　xìtǒnggōngchéng.

語　注

早在～就…	「早くも～には…する」⇒ p.47 解読の手がかり
直到～才…	「～になってからやっと…する」
	⇒ "才"は p.65 解読の手がかり
有起色	「好転する」
销售量	「販売量」
真的是没法干了	「本当にやっていられない」
两个交叉杆的帐篷	「ポールを 2 本交差して張るテント」「クロスポール式テント」
毛利润	「粗利益」
随后	「それから」「後に続く」
受～叠加影响	「～の影響も加わる」
场景	「場面」「シーン」
越来越～	「ますます～する」
拎包入住式	「旅行バッグだけで宿泊できる方式」
私家车	「自家用車」
有力推手	「有力な後押し」

"帳篷经济"と並ぶ最近流行りのレジャーアイテムがアグリテイメント。農業を娯楽と結びつけ、様々な農業体験や農村の環境を利用した娯楽を楽しもうというもの。長い間、農村と言えば飢えや貧困が想起されましたが、小康社会の実現とともに、アグリテイメントという新しい視点で見直し、そこに経済的価値も見出して農村を豊かにしようという動きが急速に強まっているのです。1990年代に生まれた"农家乐"（アグリツーリズム）はその象徴で、農家に立ち寄って農村の食事を味わうところから、最近では農耕体験ツアー、農村文化ツアー、民宿なども盛んになっています。

中国の国内観光は交通インフラの拡充に歩調を合わせて飛躍的に発展、2015年以降、農村レジャー観光収入は年10％以上の成長率を示し、2019年の年間国内延べ観光客数は60億人を突破、観光総収入は6.63兆元、1200万人の雇用を創出しました。習近平は観光産業を貧困脱出の重要なパワーと位置づけ、2020年、観光による貧困脱出人数は貧困脱出者全体の17〜20％を占めました。

一方、こうした発展の中で、季節による激しい落差、似たり寄ったりの観光アイテムによるマンネリといった問題が顕在化、質の向上と個性化が待ったなしの課題になり、2022年1月、国務院は〈第14次5カ年計画観光業発展計画〉を発表、こうした問題の解決に取り組む姿勢を示しています。

中国でも盛んになり始めたのが民宿。2019年時点で、中国の潜在民宿需要に対する充足率はわずか3％に過ぎませんでした。ここ数年、広東省をトップに、北京市・四川省・江蘇省などで急速に発展、愛好者は女性が55.7％を、40歳以下が86.2％を占め、工夫を凝らした多様な民宿が各地で続々と生まれつつあります。

コトバのあれこれ —— 新AAB

★萌萌哒 méngméngda 「超カワイイ」「キュンキュン」。「キュン死」は"萌死了"。

★么么哒 mōmōda 「チュッチュッ」。恋人同士が相手の髪の毛をくしゃっとする動作"摸 mō"から来たと言います。

★绝绝子 juéjuézi 比類なきというニュアンスから「最高」「最低」。

　例：这个味道绝绝子啊！

★啵啵间 bōbōjiān 「ライブ配信の撮影場所」。スタジオと区別するためのネット用語。

★碎碎念 suìsuìniàn 「ぶつぶつ言う」「ぐちぐち言う」。福建方言から来たもの。こだわって同じことを繰り返す人に、"你不要一直碎碎念！"と言えばいいらしい。

北京冬奥点滴

Běijīngdōng'ào diǎndī

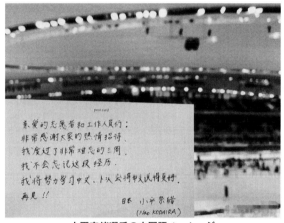

小平奈緒選手の中国語メッセージ

オリンピック招致のスキャンダルに揺れる日本。そんな裏話の一方、北京オリンピックには感動的な話もあちこちから。
　コロナ下で厳戒態勢だった北京冬季オリンピックでしたが、多くのボランティアや関係者の献身的な支えで無事終了、各国の選手からは様々な感謝の声が。

虽然　北京冬奥会　已经　过去　一　年　了，但是　它
Suīrán Běijīngdōng'àohuì yǐjīng guòqù yì nián le, dànshì tā

留下　的　点点滴滴　至今　令　人　记忆犹新。
liúxià de diǎndiǎndīdī zhìjīn lìng rén jìyìyóuxīn.

〈1〉"气泡"＝闭环式管理
yī "Qìpào" bìhuánshìguǎnlǐ

法新社　说，"为了　阻止　新冠病毒，　中国　将
Fǎxīnshè shuō, "Wèile zǔzhǐ xīnguānbìngdú, Zhōngguó jiāng

在　一　个　无法　穿透　的　巨大'气泡'　中　举办
zài yí ge wúfǎ chuāntòu de jùdà 'qìpào' zhōng jǔbàn

北京冬奥会。"　东京奥运会　时，　媒体记者　可以　在
Běijīngdōng'àohuì." Dōngjīng'àoyùnhuì shí, méitǐjìzhě kěyǐ zài

隔离　两　周　后　离开"气泡"，进入　公共环境。
gélí liǎng zhōu hòu líkāi "qìpào", jìnrù gōnggònghuánjìng.

但是，在　北京冬奥会　期间，所有　人员　都　不　能
Dànshì, zài Běijīngdōng'àohuì qījiān, suǒyǒu rényuán dōu bù néng

离开"气泡"。运动员　就　不用　说　了，教练、
líkāi "qìpào". Yùndòngyuán jiù búyòng shuō le, jiàoliàn、

官员　和　媒体记者，数千　名　志愿者、清洁工、
guānyuán hé méitǐjìzhě, shùqiān míng zhìyuànzhě、qīngjiégōng、

厨师、司机　一旦　进入　闭环　之中，就　再　也　无法
chúshī、 sījī yídàn jìnrù bìhuán zhīzhōng, jiù zài yě wúfǎ

出去，直到　奥运会　结束。
chūqù, zhídào Àoyùnhuì jiéshù.

〈2〉美食"从天而降"
èr Měishí "cóngtiān'érjiàng"

在　智慧餐厅，饺子、宫保鸡丁、煲仔饭　等　美食
Zài zhìhuìcāntīng, jiǎozi、 gōngbǎojīdīng、 bāozǎifàn děng měishí

通过　餐桌　上方　的　机械化轨道　自动送达。一　位
tōngguò cānzhuō shàngfāng de jīxièhuàguǐdào zìdòngsòngdá. Yí wèi

就餐人员　说："边　吃　边　看　机器人　炒菜　送餐，太
jiùcānrényuán shuō: "Biān chī biān kàn jīqìrén chǎocài sòngcān, tài

有趣　了。"　除了　地道　的　中国菜，机器人大厨　还
yǒuqù le." Chúle dìdao de Zhōngguócài, jīqìréndàchú hái

解読の手がかり

在～中：「～において」。"在"はしばしば"后""上"や"期间"など方位詞
や時間詞と組み合わせて使われます。"在"がどこまで係るかという範囲が
はっきりするので、覚えておくと便利です。

例文1：在大数据背景下，保护个人隐私尤为重要。

　　　　Zài dàshùjù bèijǐng xià, bǎohù gèrényǐnsī yóuwéi zhòngyào.

例文2：人在走入低谷时，要学会放下执念。

　　　　Rén zài zǒurù dīgǔ shí, yào xuéhuì fàngxià zhíniàn.

太有趣了：「とても面白い」。"太～了"で、間に置かれた語句の程度が非常に
高いことを表します。"可～了"とも言います。

例文1：人生太不容易了。

　　　　Rénshēng tài bù róngyì le.

例文2：这样的相遇太有缘分了。

　　　　Zhèyàng de xiāngyù tài yǒu yuánfèn le.

語　注

北京冬奥	（タイトル注）「北京冬季オリンピック」
点滴	（タイトル注）「こぼれ話」。本文の"点点滴滴"も同じ意味。
至今	「今でも」
令人记忆犹新	「記憶を新たにさせる」
"气泡"＝闭环式管理	「バブル＝クローズループ式管理」
法新社	「フランス通信社」「AFP社」
无法～	「～できない」
东京奥运会	「東京オリンピック」
就不用说了	「言うまでもない」「もちろん」
再也无法出去	「二度と出られない」
从天而降	「上から降りてくる」
智慧餐厅	「スマートレストラン」
饺子、宫保鸡丁、煲仔饭	「ギョウザ、鶏肉とピーナツの炒め物、香港式炊き込みご飯」
机械化轨道	「機械化したレール」
自动送达	「自動的に配達される」
就餐	「食事中」
除了～，还…	「～のほか、さらに…も」⇒ p.87 解読の手がかり
大厨	「シェフ」「料理人」

可以 制作 **汉堡、披萨、鸡尾酒** 等 多 种 菜肴 和
kěyǐ zhìzuò hànbǎo、 pīsà、 jīwěijiǔ děng duō zhǒng càiyáo hé

饮料。不少 **用餐** 的 人 表示，机器人大厨 水平
yǐnliào. Bùshǎo yòngcān de rén biǎoshì, jīqìréndàchú shuǐpíng

不亚于 人工厨师。
búyàyú réngōngchúshī.

〈3〉 **志愿者**
sān Zhìyuànzhě

国际奥委会 主席 巴赫 在 冬奥会 闭幕式 致辞
Guójì'àowěihuì zhǔxí Bāhè zài Dōng'àohuì bìmùshì zhìcí

中 说："我 要 对 所有 志愿者 说，你们 眼中
zhōng shuō: "Wǒ yào duì suǒyǒu zhìyuànzhě shuō, nǐmen yǎnzhōng

的 笑意 温暖了 我们 的 心田，你们 的 友好善意
de xiàoyì wēnnuǎnle wǒmen de xīntián, nǐmen de yǒuhǎoshànyì

将 永驻 我们 心中。"日本 **女子速滑**选手
jiāng yǒngzhù wǒmen xīnzhōng." Rìběn nǚzǐsùhuáxuǎnshǒu

小平奈绪 也 在 自己 **社交媒体** 上 用 中文
Xiǎopíng-Nàixù yě zài zìjǐ shèjiāoméitǐ shang yòng Zhōngwén

感谢 北京："亲爱 的 志愿者 和 工作人员， 非常
gǎnxiè Běijīng: "Qīn'ài de zhìyuànzhě hé gōngzuòrényuán, fēicháng

感谢 大家 的 热情 招待，我 度过了 非常 难忘 的
gǎnxiè dàjiā de rèqíng zhāodài, wǒ dùguole fēicháng nánwàng de

三 周。"
sān zhōu."

在 冬奥会 的 各个 **角落**，都 活跃着 志愿者
Zài Dōng'àohuì de gègè jiǎoluò, dōu huóyuèzhe zhìyuànzhě

的 身影，他们 和 这 场 盛宴 融为 一体，用
de shēnyǐng, tāmen hé zhè chǎng shèngyàn róngwéi yìtǐ, yòng

微笑 **感动** 他人， 成为 北京冬奥会 "最 美 的
wēixiào gǎndòng tārén, chéngwéi Běijīngdōng'àohuì "zuì měi de

名片"。
míngpiàn".

解読の手がかり

不亚于～：「～に引けを取らない」。"于"を使った論説体の慣用表現です。"仅次于～"なども覚えておきましょう。

> 例文1：水果罐头鲜度不亚于鲜果。
>
> Shuǐguǒguàntou xiāndù búyàyú xiānguǒ.

> 例文2：vivo 进入国内高端手机市场第二，仅次于苹果。
>
> vivo jìnrù guónèi gāoduānshǒujī shìchǎng dì'èr, jǐncìyú Píngguǒ.

活跃着：「活躍している」。この"着"は動詞の後について、状態の持続を表す用法です。

> 例文1：投资家非常密切地关注着市场。
>
> Tóuzījiā fēicháng mìqiède guānzhùzhe shìchǎng.

> 例文2：网上总是流传着很多萌娃的视频。
>
> Wǎngshang zǒngshì liúchuánzhe hěnduō méngwá de shìpín.

語　注

汉堡、披萨、鸡尾酒	「ハンバーガー、ピザ、カクテル」
用餐	「食事する」。丁寧な言い方。
志愿者	「ボランティア」
国际奥委会主席巴赫	「国際オリンピック委員会（IOC）のバッハ会長」
女子速滑	「女子スピードスケート」
社交媒体	「SNS」
角落	「隅々」
感动	「人の心を動かす」

　北京冬季オリンピックのスローガンが募集されたのは 2020 年 5 月。審査の結果、"一起向未来"（ともに未来を目指そう）に決まりました。世界がコロナの蔓延に悩む中、その連帯を呼びかけた側面もあります。

　中国にとって、今回の冬季オリンピックの最大の遺産は、これをきっかけに盛んになった氷雪スポーツ・氷雪産業でしょう。政府は 2015 年の招致成功後、直ちに〈氷雪スポーツ発展プラン 2016-2025〉や〈全国氷雪運動施設プラン 2016-2022〉を策定、その結果、2018 年〜 19 年の冬季には延べ 2.24 億人が氷雪観光に繰り出しました。また、今回の開催を契機に、身障者の氷雪スポーツ参加も急速に増加しています。

　ソフト面でこのオリンピックを契機に発展し始めたのが調理用ロボット。冬季五輪の会場に採用されたのをきっかけに急速に拡大し、上海愛餐機器グループは、中国の外食大手や日本の「大阪王将」にロボットを納入、その市場は 2023 年には日本円で 27 兆円にも上ると予測されています。

　もう 1 つの収穫は大会ボランティアの活動。今大会でのボランティア、特に若者たちの活動は大いに称賛されるべきで、選手たちからの感謝の言葉も多く寄せられました。また、2 月 4 日の開会式、河北省阜平山区から参加した、白い装束に赤い頭巾をかぶった 44 名の子供たちの合唱に目を細めた大人も多かったことでしょう。

　2022 年 1 月 21 日付人民日報の「2022 年冬季オリンピック、パラリンピック遺産報告集」という記事は、①ウインタースポーツ、②氷雪産業、③ボランティアと障碍者救助、④関係都市、⑤関連施設、⑤環境対策、⑦地域という 7 つの面の発展に成果を残した、と分析しましたが、最大の遺産は、ボランティアによる国や民族を超えた友情の醸成でしょう。

コトバのあれこれ ── 日本から来たもの

★草 cǎo　　「笑う」「www」

★看番 kànfān　　「アニメ番組を見る」。日本のアニメドラマは"番剧"。

★C 位 Cwèi　　「センターポジション」

★哭哭 kūkū　　「ぴえん」

★比心 bǐxīn　　「キュンです」。あの指ポーズも一緒です。

★逆袭 nìxí　　「逆襲」。元は反撃の意味。失敗から成功したという意味に変わったのは日本語の影響だと言われています。

字，也能写出时代感

Zì, yě néng xiěchū shídàigǎn

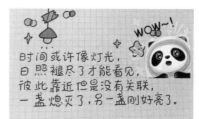

「チーズ体」（上左）、「ビンドゥンドゥン体」（上右）は若者に人気

趙今麦（上）の字（右）は教師に人気

「目は口ほどにものを言い」と言いますが、肉筆からその人の性格がわかるという話もちらほら。

　漢字はそれだけではありません。字そのものが芸術品で、伝えられている様々な書体、現代の若者の個性的字体、それらの芸術性は商業ベースにも活用されています。

中国人　喜欢　说，**字如其人**。**的确**，就　**好像**
Zhōngguórén　xǐhuan　shuō，　zìrúqírén．　Díquè，　jiù　hǎoxiàng

没有 人 **会** **长得** **一模一样**，几乎 没有 人 写 的 字
méiyǒu rén huì zhǎngde yìmúyíyàng，jīhū méiyǒu rén xiě de zì

会 完全 一样。无论 在 哪 个 年代，字 都 是 这 个
huì wánquán yíyàng．Wúlùn zài nǎ ge niándài，zì dōu shì zhè ge

人 的 一 张 名片。 通过 笔迹，还 可以 观察出
rén de yì zhāng míngpiàn． Tōngguò bǐjì， hái kěyǐ guāncháchū

一 个 人 的 性格 和 品位。
yí ge rén de xìnggé hé pǐnwèi．

在 今天 的 中国，**练字** 的 好处 也 很多。
Zài jīntiān de Zhōngguó，liànzì de hǎochù yě hěnduō．

首先 各种 **入学考试** 中，字 写得 好，也 可以
Shǒuxiān gèzhǒng rùxuékǎoshì zhōng，zì xiěde hǎo，yě kěyǐ

加分。你 想想，入学考试 的 作文题，字 写得
jiāfēn． Nǐ xiǎngxiang，rùxuékǎoshì de zuòwéntí，zì xiěde

好看，**阅卷老师** 的 印象分 不就 上去 了 吗? 为了
hǎokàn，yuèjuànlǎoshī de yìnxiàngfēn bújiù shàngqu le ma? Wèile

让 孩子 的 字 写得 漂亮 一点，家长 会 买来
ràng háizi de zì xiěde piàoliang yìdiǎnr，jiāzhǎng huì mǎilái

各种 **书法帖子**，还 会 选择 练字培训班 等等。
gèzhǒng shūfǎtiězi，hái huì xuǎnzé liànzìpéixùnbān děngděng．

但是，更 多 的 孩子 **很 难 抗拒** 流行 的
Dànshì，gèng duō de háizi hěn nán kàngjù liúxíng de

字体。比如，女生们 喜欢 的 "饺子体"：每 个 字
zìtǐ． Bǐrú，nǚshēngmen xǐhuan de "jiǎoziti"：měi ge zì

都 是 **圆圆滚滚** 的，十分 可爱甜美，**忍不住** 想
dōu shì yuányuángǔngǔn de，shífēn kě'àitiánměi，rěnbuzhù xiǎng

掐 一下。2022 年 北京冬奥会 的 **吉祥物"冰墩墩"**
qiā yíxià． Èrlíng'èr'èr nián Běijīngdōng'àohuì de jíxiángwù "Bīngdūndūn"

人气 **爆棚** 后，"饺子体" 也 被 叫做了 "冰墩墩体"。
rénqì bàopéng hòu，"jiǎoziti" yě bèi jiàozuòle "Bīngdūndūntǐ"．

解読の手がかり

<u>无论在哪个年代，字都是…</u>：「どの年代であれ、文字はみな…だ」。"无论～都…"は"无论～也…"とも言い、"无论"の代わりに"不论"も使われます。"～"の部分には疑問詞や"A 还是 B"が含まれ、いずれにしても結果は変わらないという意味を表します。

例文 1：无论就业还是创业，外语都很重要。
　　　　Wúlùn jiùyè háishi chuàngyè, wàiyǔ dōu hěn zhòngyào.

例文 2：无论多有钱，也不能大手大脚。
　　　　Wúlùn duō yǒu qián, yě bù néng dàshǒudàjiǎo.

<u>印象分不就上去了吗</u>？：「印象点が高くならないことがあろうか」。反語文です。反語文には他にも様々な形があります。

例文 1：迟到了也得去，怎么可以逃学？
　　　　Chídàole yě děi qù, zěnme kěyǐ táoxué?

例文 2：年轻，难道就能浪费时间吗？
　　　　Niánqīng, nándào jiù néng làngfèi shíjiān ma?

語　注

字如其人	「文字はその人の如し」「字は書いた人の性格を反映するものだ」
的确	「確かに」
好像～	「まるで～のようだ」
会～	「～するはずだ」「～する可能性がある」。可能ではなく可能性の用法です。
长得一模一样	「（見た目が）そっくりだ」「瓜二つだ」⇒ p.83 解読の手がかり
练字	「習字」
入学考试	「入学試験」
阅卷老师	「答案用紙を採点する先生」
书法帖子	「書道のお手本」
培训班	「塾」
很难抗拒	「抵抗しにくい」。"很难"＋動詞で「～しづらい」の意。
圆圆滚滚	「丸っこい」「ころころしている」
忍不住～	「～せずにいられない」⇒ p.47 解読の手がかり
吉祥物"冰墩墩"	「マスコット『ビンドゥンドゥン』」
人气爆棚	「人気爆発」

其次 是 "奶酪体"，很 受 学生 欢迎。 网上
Qícì shì "nǎilàotǐ", hěn shòu xuésheng huānyíng. Wǎngshang

还 有 专门 教 怎么 写 "奶酪体" 的 视频 和
hái yǒu zhuānmén jiāo zěnme xiě "nǎilàotǐ" de shìpín hé

说明书。"奶酪体" 每 个 字 的 最后 一 笔 非常
shuōmíngshū. "Nǎilàotǐ" měi ge zì de zuìhòu yì bǐ fēicháng

有 特点，可以说 是 "饺子体" 的 加强版。但是，
yǒu tèdiǎn, kěyǐshuō shì "jiǎozitǐ" de jiāqiángbǎn. Dànshì,

"饺子体" 也好 "奶酪体" 也好，由于 笔画数 不
"jiǎozitǐ" yěhǎo "nǎilàotǐ" yěhǎo, yóuyú bǐhuàshù bú

正规，在 考试 中 占不到 优势。
zhèngguī, zài kǎoshì zhōng zhànbudào yōushì.

赵今麦，是 一 名 知名 演员，也 是 一 名
Zhào-Jīnmài, shì yì míng zhīmíng yǎnyuán, yě shì yì míng

学霸，高考 以 优秀 成绩 被 中戏 录取。而且，
xuébà, gāokǎo yǐ yōuxiù chéngjì bèi Zhōngxì lùqǔ. Érqiě,

学霸 的 字 也 很 漂亮，字体 简单 而 不 张狂，
xuébà de zì yě hěn piàoliang, zìtǐ jiǎndān ér bù zhāngkuáng,

平稳 中 带着 一 丝丝 优雅，给 人 一 种 非常
píngwěn zhōng dàizhe yì sīsī yōuyǎ, gěi rén yì zhǒng fēicháng

安静 的 感觉。对 阅卷 的 老师们 来说，赵今麦体
ānjìng de gǎnjué. Duì yuèjuàn de lǎoshīmen láishuō, Zhào-Jīnmàitǐ

非常 "养眼"。
fēicháng "yǎngyǎn".

对 学生 来讲，每天 能 做 的 事情 只有
Duì xuésheng láijiǎng, měitiān néng zuò de shìqing zhǐyǒu

学习，而 学习 总是 枯燥乏味 的，可爱 的 字体
xuéxí, ér xuéxí zǒngshì kūzàofáwèi de, kě'ài de zìtǐ

或许 也 能 给 他们 提供 一点 乐趣。
huòxǔ yě néng gěi tāmen tígōng yìdiǎnr lèqù.

解読の手がかり

"饺子体"也好"奶酪体"也好：「『ギョウザ体』だろうと『チーズ体』だろうと」。"～也罢…也罢"とも言います。

例文 1：幸福也好痛苦也好都已过去。
　　　　Xìngfú yěhǎo tòngkǔ yěhǎo dōu yǐ guòqù.
例文 2：错也罢对也罢都别太较真。
　　　　Cuò yěbà duì yěbà dōu bié tài jiàozhēn.

简单而不张狂／而学习总是枯燥乏味的：「シンプルで浮ついていない」／「しかし学習とは総じて無味乾燥なものだ」。"而"は順接（前者）も逆接（後者）も表せる接続詞です。単語・フレーズ・文・段落などをつなぎます。

例文 1：这个句子简短而很有深度。
　　　　Zhè ge jùzi jiǎnduǎn ér hěn yǒu shēndù.
例文 2：中国制造业的发展存在大而不均衡的特点。
　　　　Zhōngguó zhìzàoyè de fāzhǎn cúnzài dà ér bù jūnhéng de tèdiǎn.

語　注

其次　　　「その次」
奶酪体　　「チーズ体」
视频　　　「動画」
加强版　　「強化版」
赵今麦　　（人名）「趙今麦（ちょう・こんばく）」。2002 年～。人気女優。
学霸　　　「成績がトップクラスの人」
以～　　　「～で」「～でもって」。"以"は前を受ける用法と後を受ける用法があります。ここでは後者です。
被～录取　「～に採用される」「～に合格する」
中戏　　　「中央戯劇学院」。北京にある映画・演劇の専門大学。
一丝丝　　「ちょっとだけ」
对～来说、对～来讲　いずれも「～にとって」の意。⇒ p.71 解読の手がかり
养眼　　　「目の保養」
乐趣　　　「楽しみ」

中国漢字の主な書体には篆書・隷書・楷書・行書・草書があります。このうち楷書・行書・草書は後漢の時代にその姿を見せ、行書・草書はさらに書聖と言われた六朝時代の王羲之などによって洗練され、芸術作品にまで高められました。高校の世界史にも出てくる行書で書かれた『蘭亭序』や草書の『十七帖』はつとに有名です。その後、唐の太宗時には初唐三大家と呼ばれる欧陽詢・虞世南・褚遂良を輩出、さらに、中唐の政治家でもあり、王羲之と並び称される顔真卿によって、現在使われている明朝体につながる書体が完成されました。空海が彼の書を日本に持ち帰り、普及させたことはよく知られています。

篆書に目を転じてみましょう。篆書は広い意味では殷代の甲骨文や、殷代以降周代を中心とした金文、春秋戦国時代の大篆をも含みますが、狭義の小篆は、秦の始皇帝が天下統一後、丞相李斯に命じて各地の文字を統一させ、各地に建てた頌徳碑に刻まれた字体を指します。7つの頌徳碑のうち、李斯による「嶧山刻石」は後世のお手本とされています。その後、小篆は実用性の点から、徐々に隷書にその座を譲りましたが、その芸術性が見直され、唐代にはまた高い評価を得るようになり、李陽冰の隷書は李斯とともに「二李」と称されました。

小篆はその品格の高さから篆刻として印章によく用いられますが、最近ではその字の持つメタファーとしての機能も注目されるようになり、北京オリンピックのスポーツロゴマークなど、商業領域で幅広く使われるようになりました。

コトバのあれこれ —— ちょいズレがネットっぽいらしい

★2333　　　　　こちらも「笑う」。「アハハハハ」の絵文字から。

★斑竹 bānzhú　　（斑点のある竹）は"版主 bǎnzhǔ"（ホームページの持ち主）。

★裙主 qúnzhǔ　　（造語。グループの立ち上げ人が女性の場合使われます）は"群主 qúnzhǔ"（グループを作った人）から。

★桑心 sāngxīn　　（造語。巻き舌音がない南方の発音を真似したもの）は"伤心 shāngxīn"（悲しい、傷つく）から。

★男孩纸女孩纸 nánháizhǐ nǚháizhǐ　「紙」がか弱いイメージを出していませんか？

★有木有？＝有没有？　Yǒu mù yǒu? Yǒu méiyǒu?「そうじゃない？」「あるんじゃない？」。問い詰め感が少しお茶目になりました

饮食花絮

Yǐnshí huāxù

夏の風物詩ザリガニ（上）、市場で「宝探し」をする葉凱維さん（左）

中国の食文化は世界に冠たるもの。その種類の多さ、調理方法の豊富さには、ただただため息が出ます。

　最近では、完成した料理のみならず、その材料や調味料の多様さ、さらにはそれらを育んだ風土も注目され、また、医食同源の役割も改めて見直されています。

〈1〉 2021 年, 早餐工程 列入 上海市 的
yī Èrlíng'èryī nián, zǎocāngōngchéng lièrù Shànghǎishì de

民心工程。 2022 年, 上海 "早餐地图" 正式
mínxīngōngchéng. Èrlíng'èr'èr nián, Shànghǎi "zǎocāndìtú" zhèngshì

上线。杨浦区 的 "互联宝地" 园区 里 住着 众多
shàngxiàn. Yángpǔqū de "Hùliánbǎodì" yuánqū li zhùzhe zhòngduō

互联网 从业人员。 园区 内 的 "逸刻" 便利店 提供
hùliánwǎng cóngyèrényuán. Yuánqū nèi de "Yìkè" biànlìdiàn tígōng

豆浆 油条、 馄饨、 面条 等 中式早餐, 也 提供
dòujiāng yóutiáo、 húntun、 miàntiáo děng Zhōngshìzǎocān, yě tígōng

西式口味 的 咖啡 面包 等。 上班族 既 可以 到店
Xīshìkǒuwèi de kāfēi miànbāo děng. Shàngbānzú jì kěyǐ dàodiàn

堂食, 还 可以 线上 下单, 到店 取餐。
tángshí, hái kěyǐ xiànshàng xiàdān, dàodiàn qǔcān.

有了 "早餐地图", 人们 只要 打开 手机, 查找
Yǒule "zǎocāndìtú", rénmen zhǐyào dǎkāi shǒujī, cházhǎo

身边 的 早餐网点, 就 能 享受 晨间幸福。
shēnbiān de zǎocānwǎngdiǎn, jiù néng xiǎngshòu chénjiānxìngfú.

"早餐地图" 上 每 增加 一 个 标记, 城市空间 里
"zǎocāndìtú" shang měi zēngjiā yí ge biāojì, chéngshìkōngjiān li

就 多 一 个 热气腾腾 的 早餐空间。
jiù duō yí ge rèqìténgténg de zǎocānkōngjiān.

〈2〉 每年 夏天 都 是 小龙虾 消费 的 旺季,
èr Měinián xiàtiān dōu shì xiǎolóngxiā xiāofèi de wàngjì,

街头路边 小龙虾摊位 的 飘香 往往 会 引来
jiētóulùbiān xiǎolóngxiātānwèi de piāoxiāng wǎngwǎng huì yǐnlái

一 众 吃货。 然而, 2021 年 夏天 以后, 小龙虾
yí zhòng chīhuò. Rán'ér, èrlíng'èryī nián xiàtiān yǐhòu, xiǎolóngxiā

突然 呈 断崖式 下跌。
tūrán chéng duànyáshì xiàdiē.

吃 小龙虾 的 时候, 需要 自己 动手 剥壳,
Chī xiǎolóngxiā de shíhou, xūyào zìjǐ dòngshǒu bāoké,

解読の手がかり

只要~，就…：「～しさえすれば…する」。"只要~，便…" とも言います。

例文1：只要战争仍在继续，物价就不会下降。
　　　　Zhǐyào zhànzhēng réng zài jìxù, wùjià jiù bú huì xiàjiàng.

例文2：只要下一场秋雨，就会觉得一点凉意。
　　　　Zhǐyào xià yì cháng qiūyǔ, jiù huì juéde yìdiǎn liángyì.

每年夏天都是~，会引来…：「毎年夏は～で、…を引き寄せる」。"每" と呼応する "会" や "要" は習慣的な行為を示します。

例文1：每一场比赛都会影响选手的精神状态。
　　　　Měi yì chǎng bǐsài dōu huì yǐngxiǎng xuǎnshǒu de jīngshénzhuàngtài.

例文2：北方人每到春节都要包饺子。
　　　　Běifāngrén měi dào Chūnjié dōu yào bāo jiǎozi.

語　注

花絮	（タイトル注）「こぼれ話」
工程	「プロジェクト」「事業」
上线	「リリースする」
"互联宝地"园区	「『互聯（インターネット）宝地』団地」
众多	「多くの」
"逸刻" 便利店	「『逸刻』コンビニエンスストア」
豆浆油条、馄饨、面条	「豆乳と揚げパン、ワンタン、麺類」
上班族	「通勤族」「サラリーマン」
下单	「注文する」
查找	「検索する」「リサーチする」
热气腾腾	「あつあつの」。"腾腾" は湯気などが立ち上がる様子を表します。
小龙虾	「ザリガニ」
旺季	「シーズン」「旬」。「オフシーズン」は "淡季"。
摊位	「屋台」
一众吃货	「多くの食いしん坊」。"一众" は同じ目的で寄り集まる人のこと。
断崖式下跌	「急激な下落」

费劲 费时间。但是 大家 **围坐着 一起** 吃，**可谓 其乐**
fèijìn fèishíjiān. Dànshì dàjiā wéizuòzhe yìqǐ chī, kěwèi qílè-

无穷，吃 小龙虾 也 可以说 是 一 种 社交活动。
wúqióng, chī xiǎolóngxiā yě kěyǐshuō shì yì zhǒng shèjiāohuódòng.

但是，2021 年 以后，由于 受到 疫情影响，
Dànshì, èrlíng'èryī nián yǐhòu, yóuyú shòudào yìqíngyǐngxiǎng,

餐饮业 的 **堂食**时间 被 缩短，聚餐 的 机会 也 没有
cānyǐnyè de tángshíshíjiān bèi suōduǎn, jùcān de jīhuì yě méiyǒu

那么 多 了，自然 **导致** 小龙虾 的 消费 下降。
nàme duō le, zìrán dǎozhì xiǎolóngxiā de xiāofèi xiàjiàng.

〈3〉"**華美社區剩食廚房**" 位於 臺中市 西區，廚師
sān "Huáměishèqūshèngshíchúfáng" wèiyú Táizhōngshì Xīqū, chúshī

名叫 **葉凱維**。今年 **三十出頭** 的 他，每 到 黃昏，
míngjiào Yè-Kǎiwéi. Jīnnián sānshíchūtóu de tā, měi dào huánghūn,

便 會 到 市集 **尋寶**，將 許多 店家 賣不出去 的
biàn huì dào shìjí xúnbǎo, jiāng xǔduō diànjiā màibuchūqu de

"**醜 蔬果**" 帶回 廚房。
"chǒu shūguǒ" dàihuí chúfáng.

葉凱維 早 在 2016 年 就 成立了 一 個
Yè-Kǎiwéi zǎo zài èrlíngyīliù nián jiù chénglìle yí ge

網上 的 **社團**，取名為 "剩食終結者"。中秋
wǎngshang de shètuán, qǔmíngwéi "shèngshízhōngjiézhě". Zhōngqiū

月餅 吃不完、店家 煮 太 多 賣不完，都 可以 在
yuèbǐng chībuwán、diànjiā zhǔ tài duō màibuwán, dōu kěyǐ zài

社團 上 **分享給** 需要 的 人。早期，這 個 平臺
shètuán shang fēnxiǎnggěi xūyào de rén. Zǎoqī, zhè ge píngtái

被 家裡長輩 看到，說 是 "很 **丟臉**"。但是，葉凱維
bèi jiālizhǎngbèi kàndào, shuō shì "hěn diūliǎn". Dànshì, Yè-Kǎiwéi

和 **夥伴 致力 翻轉** 價值觀，六 年 來，讓 剩食
hé huǒbàn zhìlì fānzhuǎn jiàzhíguān, liù nián lái, ràng shèngshí

再利用 的 觀念 也 **愈見** 普遍。
zàilìyòng de guānniàn yě yù jiàn pǔbiàn.

解読の手がかり

賣不出去：「店に出せない」。可能補語の否定形です。動詞＋方向補語や動詞
　＋結果補語の間に"得"を挟んで可能、"不"を挟んで不可能を表します。
　なお、この課にある"賣不完"は「売れ残る」の意味です。

例文 1：想不通的事情应该怎么办?
　　　　Xiǎngbutōng de shìqing yīnggāi zěnme bàn?

例文 2：老师说的话，我都能够听得懂了。
　　　　Lǎoshī shuō de huà, wǒ dōu nénggòu tīngdedǒng le.

早在 2016 年就～：「早くも 2016 年には～する」。この"就"は時間的・条件
　的に「もう」の意味を表します。

例文 1：新冠在 2020 年就出现了多个变异病毒。
　　　　Xīnguān zài èrlíng'èrlíng nián jiù chūxiànle duō ge biànyìbìngdú.

例文 2：我觉得自己能拿到学分就已经非常幸运了。
　　　　Wǒ juéde zìjǐ néng nádào xuéfēn jiù yǐjīng fēicháng xìngyùn le.

語　注

围坐着一起吃	「いっしょにテーブルを囲んで食べる」
可谓～	「～といえる」
其乐无穷	「このうえない楽しみ」
堂食	「店内で食べる」
导致～	「～をもたらす」
華美社區（华美社区）	「華美社区」。団地の名。
剩食廚房（剩食厨房）	「残り物の厨房」
葉凱維（叶凯维）	（人名）「葉凱維（よう・がいい）」。
三十出頭（三十出头）	「30 歳ちょっと」
尋寶（寻宝）	「宝探し」
醜蔬果（丑蔬果）	「見た目の悪い野菜や果物」
社團（社团）	「グループ」「サークル」。主に同じ目的を持つ人が自発的に参加する組織。
分享給（分享给）～	「～と分かち合う」⇒ p.59 解読の手がかり
丟臉（丢脸）	「恥をかく」「みっともない」
夥伴（伙伴）	「仲間」「パートナー」
致力翻轉（致力翻转）	「180 度変えようと努力する」
愈見（愈见）	「ますます」「いっそう」

"王者以民人为天 , 而民人以食为天"（『漢書』）、「民は食を以て天と為す」は中国で食を語るときには必ずお目にかかる言葉です。

2019年8月24日の人民日報が、万里の長城の西の端、河西回廊に位置する嘉峪関の壁に描かれた魏晋時代の食を紹介しています。壁画の3分の1にあたる162幅が食に関係し、醸造・屠殺・調理・献上食・宴席などの様子、厨房内部や蒸す、煮る、炙るといった調理法、料理の盛り付け、宴会の作法まで実に豊富な情報が盛り込まれています。2017年4月9日付の記事は、北宋時代の「清明上河図」についてのもので、火の使用が禁じられた寒食節が終わった最初の日の街の様子を分析し、当時の食をつぶさに紹介しています。

中国では農暦に基づく各節句に代表的な食があります。2015年9月27日付の記事は秋の節句の食を紹介したもので、立秋には体力回復に"红烧肉"（"红"は醤油味）を、処暑には肥えたアヒル料理（例えば北京ダック）を、白露には竜眼・白露茶など各地で独自の健康食を、秋分には北方ではカボチャ粥、南方では野摘みの菜に魚を加えた"秋汤"を、寒露の重陽節では菊花酒と"登高"「出世」になぞらえた"登糕"（お菓子）を食べるなど。

現代の中国はグルメ大国。2012年放映の《舌尖上的中国》を皮切りに、最近では《风味人间》《早餐中国》《风味原产地》などネットドキュメンタリーも。近年大ブレークしたのはザリガニ。中国語では"小龙虾"。"龙虾"が伊勢海老ですからイメージはOK。2022年1月14日には「ザリガニが大産業になった」という記事が載りました。稲と共作すると、雑草を食べ、土を柔らかくするとのこと。しかも、殻は薬用カプセルに加工され、その身より利益が多いというのですから一石三鳥です。北京ではザリガニ食堂街も出現して、コロナ前は大繁盛でした。

コトバのあれこれ──emoは「エモい」ではない！　では、「エモい」は？

"★我emo了。"ここ一、二年、中国若者のなかで流行っている言葉です。「がっかり」「気分が晴れない」「自分がダメだ」「授業が分からない」などなどのときに使われています。日本語の「エモ」に聞こえますが、当て字はありません。「emo」の語源は実は日本語の「エモい」と同じ、英語のemotionalが由来ですが、強く聞こえるmoはマイナスイメージを誘導しやすい"默、没（ボツ）、漠、魔、末"に連想しやすいので、中国語ではマイナス情緒を表現するものになったそうです。一方、"★代入感"は「エモい」のように、なんとも言い表せない素敵な気持ちや感動を表現しています。特に映画やドラマを見て、"代入感很强""代入感太强"といった表現が使われます。

年轻人不想要，老年人不会用

Niánqīngrén bù xiǎngyào, lǎoniánrén bú huì yòng

このテレビは食事も注文できるけど、番組が探しにくくてねえ

あらゆる分野でデジタル化が進む中国。その速さは日本を遥かに凌駕し、もう5年もすれば中国の後ろ姿が見えなくなるとも。

その一方で、人口高齢化が進む中国ではデジタルデバイドも深刻に。この問題をどう克服するか、政府も正面から取り組み始めています。速いが故の悩みとは……。

2021 年 的 一份 生活调查报告 显示，年轻人
Èrlíng'èryī nián de yí fèn shēnghuódiàochábàogào xiǎnshì, niánqīngrén

搬家 时 最 想 丢弃 的 TOP10 家电 中，电视机 排名
bānjiā shí zuì xiǎng diūqì de TOP10 jiādiàn zhōng, diànshìjī páimíng

第一。理由 很 简单：一 是 因为 使用价值 不 大，
dìyī. Lǐyóu hěn jiǎndān: yī shì yīnwèi shǐyòngjiàzhí bú dà,

占地 却 不 少；二 是 因为 其他 东西 可以 取代
zhàndì què bù shǎo; èr shì yīnwèi qítā dōngxi kěyǐ qǔdài

电视机。
diànshìjī.

但 对 老年人 来说，电视机 仍然 是 生活休闲
Dàn duì lǎoniánrén láishuō, diànshìjī réngrán shì shēnghuóxiūxián

的 依赖品。每天 看看《新闻联播》、电视剧，还 是
de yīlàipǐn. Měitiān kànkan «Xīnwénliánbō», diànshìjù, hái shì

很多 老人 的 生活节奏。然而，困扰 老人们 的 也
hěnduō lǎorén de shēnghuójiézòu. Rán'ér, kùnrǎo lǎorénmen de yě

正 是 电视机。在 中国，2010 年 以后，家电
zhèng shì diànshìjī. Zài Zhōngguó, èrlíngyīlíng nián yǐhòu, jiādiàn

市场 就 开始 销售 画面巨大 的 智能电视。因为
shìchǎng jiù kāishǐ xiāoshòu huàmiànjùdà de zhìnéngdiànshì. Yīnwèi

有 回放功能，很多 家庭 扔掉了 录像机。还 可以
yǒu huífànggōngnéng, hěnduō jiātíng rēngdiàole lùxiàngjī. Hái kěyǐ

上网购物，一家人 看着 巨大 的 画面，一起 挑选
shàngwǎnggòuwù, yìjiārén kànzhe jùdà de huàmiàn, yìqǐ tiāoxuǎn

商品，很 方便。但是，这样 的 智能电视 对
shāngpǐn, hěn fāngbiàn. Dànshì, zhèyàng de zhìnéngdiànshì duì

老人们 并 不 友好。
lǎorénmen bìng bù yǒuhǎo.

2021 年 春节 之前，张强 的 父母 收到
Èrlíng'èryī nián Chūnjié zhīqián, Zhāng-Qiáng de fùmǔ shōudào

孩子 送来 的 一台 智能电视，没 想到 却 犯了 难。
háizi sònglái de yì tái zhìnéngdiànshì, méi xiǎngdào què fànle nán.

解読の手がかり

因为～（所以）…：「～なので…だ」。"因为～所以…"の組み合わせで使われることも多いのですが、どちらかが省略されることもあります。

例文1：世界上因为好人很多，所以生活很有意思。

Shìjiè shang yīnwèi hǎorén hěnduō, suǒyǐ shēnghuó hěn yǒuyìsi.

例文2：打工时间太长，所以没有来得及做作业。

Dǎgōngshíjiān tài cháng, suǒyǐ méiyǒu láidejí zuò zuòyè.

并不友好：「けっして優しくない」。"并"は否定の前に置いて、「けっして～ではない」「たいして～ではない」の意味を表します。

例文1：幸亏考试并没有太难。

Xìngkuī kǎoshì bìng méiyǒu tài nán.

例文2：打败沃尔玛的并不是竞争对手。

Dǎbài Wò'ěrmǎ de bìng bú shì jìngzhēngduìshǒu.

語　注

份	報告やアンケートなどを数える量詞。特に訳す必要はありません。
丢弃	「捨てる」
排名第一	「1位にランキングされる」
占地	「場所を取る」
《新闻联播》	中国中央テレビで毎晩7時から放送される最も歴史の長いニュース番組。NHK BS のワールドニュースで平日3～4分の枠で通訳付きで放送されています。
生活节奏	「生活リズム」
困扰	「困らせる」
销售	「販売する」
智能电视	「AI テレビ」「スマートテレビ」
回放功能	「見逃し配信機能」
录像机	「ビデオデッキ」
上网购物	「ネットショッピング」
一家人	「家族全員」「身内」
挑选	「選ぶ」。"挑"は「ああでもないこうでもない」と選ぶ意です。
张强	（人名）「張強（ちょう・きょう）」
收到	「受け取る」
没想到	「思いもよらないことに」「予想外なことに」
犯难	「困る」

电视机 上 一 个 **按钮** 都 没有，**遥控器** 上 一 个
Diànshìjī shang yí ge ànniǔ dōu méiyǒu, yáokòngqì shang yí ge

汉字 都 没有，点开 红色 开关按键 以后，硕大 的
Hànzì dōu méiyǒu, diǎnkāi hóngsè kāiguān'ànjiàn yǐhòu, shuòdà de

屏幕 上，都 是 各种 剧目 的 **海报**，**点 一 下 就**
píngmù shang, dōu shì gèzhǒng jùmù de hǎibào, diǎn yíxià jiù

播放 该 剧目，**播着播着** 就 要求 **注册** 会员。"我 不
bōfàng gāi jùmù, bōzhebōzhe jiù yāoqiú zhùcè huìyuán. "Wǒ bú

看 这 个，我 **就** 想 看《新闻联播》"，老父亲 说，
kàn zhè ge, wǒ jiù xiǎng kàn «Xīnwénliánbō», lǎofùqin shuō,

折腾了 将近 一 小时，**也 没 看上**。
zhētengle jiāngjìn yì xiǎoshí, yě méi kànshàng.

据 调查，有 49.6% 的 人 说，找不到
Jù diàochá, yǒu bǎifēnzhīsìshíjiǔdiǎnrliù de rén shuō, zhǎobudào

想 看 的 节目； 28% 的 人 说，设备 多 不 知
xiǎng kàn de jiémù; bǎifēnzhī'èrshíbā de rén shuō, shèbèi duō bù zhī

怎么 切换；还 有 27.2% 的 人 表示"直接
zěnme qiēhuàn; hái yǒu bǎifēnzhī'èrshíqīdiǎn'èr de rén biǎoshì "zhíjiē

放弃，不 看 了"。 2021 年 6 月，政府 有关部门
fàngqì, bú kàn le". Èrlíng'èryī nián liù yuè, zhèngfǔ yǒuguānbùmén

推出了 智能电视 **适老化设计** 的 要求。 2022 年，
tuīchūle zhìnéngdiànshì shìlǎohuàshèjì de yāoqiú. Èrlíng'èr'èr nián,

市场 上 出现了 **长辈模式** 的 智能电视，其中 的
shìchǎng shang chūxiànle zhǎngbèimóshì de zhìnéngdiànshì, qízhōng de

语音识别功能 包括了 24 种 主要方言。
yǔyīnshíbiégōngnéng bāokuòle èrshisì zhǒng zhǔyàofāngyán.

如果说 昔日 是 一 键 看 电视，那么 未来 就是
Rúguǒshuō xīrì shì yí jiàn kàn diànshì, nàme wèilái jiùshì

"一声" 看 电视 了。
"yìshēng" kàn diànshì le.

解読の手がかり

市场上出现了～：「市場に～が現れる」。［場所＋出現を表す動詞＋出現する事物や人］の語順の出現文です。同じ語順の存在文と合わせて、存現文とも呼ばれます。

例文1：今年夏天，世界多地发生了森林火灾。
　　　　Jīnnián xiàtiān, shìjiè duōdì fāshēngle sēnlínhuǒzāi.

例文2：路边停放着很多共享单车。
　　　　Lùbiān tíngfàngzhe hěnduō gòngxiǎngdānchē.

如果说～，那么…：「もし～と言うなら、…だ」。仮定を表します。

例文1：如果你不努力，那么就不会有好的结果。
　　　　Rúguǒ nǐ bù nǔlì, nàme jiù bú huì yǒu hǎo de jiéguǒ.

例文2：如果人脑和电脑一样，那么世界上都是聪明人了。
　　　　Rúguǒ rénnǎo hé diànnǎo yíyàng, nàme shìjiè shang dōu shì cōngmíng rén le.

語 注

按钮	「押しボタン」
遥控器	「リモコン」
海报	「（番組の）宣伝」。本来は映画などの宣伝ポスターのことです。
点一下就～	「ちょっとクリックするとすぐ～する」
播着播着	「放送しているうちに」
注册	「登録する」。ちなみに中国語の"登录"は「ログイン」。
就～	「ただ～だけ」。副詞の"就"には様々な用法があります。
折腾	「繰り返しやる」
将近～	「ほぼ～だ」「～に近い」
没看上	「見ることに至らなかった」「見られなかった」
推出～	「～を打ち出す」
适老化设计	「高齢者向けのデザイン」
长辈模式	「シニアモデル」
语音识别	「音声認識」

　経済や科学が急激に発展する一方で様々なひずみも生じています。政府にとってそれらのひずみを是正し、人々の生活を保障することは焦眉の急。2016年〜20年の第13次5カ年計画では、第12次の総括として掲げられた民生十大項目（二人っ子許容政策、養老改革、最低生活保障、医療改革、教育の充実、戸籍制度改革、住宅保障、通信キャリア費用の減額、交通インフラ整備、行政手続きの改革）に注力しましたが、そのプロセスでどんな取り組みがあったかを拾ってみましょう。

　2019年から2020年にかけ、中国は財政収入増加速度がダウンしましたが、民生支出は増加傾向を持続、例えば2019年の環境対策は、大気汚染対策25％増、水汚染対策45.3％増、土壌汚染対策42.9％増で、貧困脱出扶助予算も1136億元に達し、国家的極貧地域"三区三州"（チベット自治区・青海省・四川省・甘粛省・雲南省・新疆ウイグル自治区に属する3つの区と3つの州）には144億元が振り当てられました。同時に農村に対し、技術習得支援、宅配の普及、養老年金給付、老人介護や子供の養育に対するサービス向上が積極的に進められました。中でも農村への宅配の普及は、農民の生活向上と国内消費の喚起という両側面で大きな意義がありました。江西省のある農村では、村民サービスステーションが設けられ、養老年金受け取り、銀行のATM、宅配物受け取り、Eコマース購買取り扱いなどのサービス設備が設けられ、別の村では、住民が宅配物を受け取りに鎮にまで出かけずに済むよう、県が宅配運営5社と共同出資して物流サービス会社を立ち上げ、物流センターを建設して各社の物品の一括体制を構築しました。また、農村公共バスも宅配物を各村の総合サービスステーションに即時届けるようにしたとのことです。

コトバのあれこれ —— 当て字も健在

★搜候 sōuhóu　（SOHO、small office/home office）。21年11月、北京市政府が《北京市国际交往语言环境建设条例》を採択。公共場所の標識に基本的に漢字を使用することになって、SOHO会社の看板に出てきた当て字。「サル（猴 hóu）を探す」に聞こえるのは私だけ？

★飒拉 Sàlà　（ZARA）。上記と同じ理由で生まれた漢字表記。ま、カッコイイかな。

★绑定 bǎngdìng（binding）。「縛り付ける」「結ぶ」意味の bind ＋ ing。

★血拼 xuèpīn（shopping）。　ものによっては血と汗を流して手に入れたお金で決意して買う必要があるかも。

★润 rùn（run）。「逃げる」や「脱出」という意味で使われています。

大熊猫是怎样取名的？

Dàxióngmāo shì zěnyàng qǔmíng de?

吾輩はパンダである。名前は……

絶滅危惧種だったジャイアントパンダ。生きたぬいぐるみと称される可愛らしさゆえに、外交親善使節の役割も付与され、まさに八面六臂の大活躍。

可愛らしければ、当然名前を付けて呼びたくなる、そんな名前はどうやって付けるのか、素朴な疑問にお答えしましょう。

2021 年, 成都街头 到处 可见 一只 举着 火炬
Èrlíng'èryī nián, Chéngdūjiētóu dàochù kějiàn yì zhī jǔzhe huǒjù

的 卡通 大熊猫。它 的 名字 叫 "蓉宝",是 第
de kǎtōng dàxióngmāo. Tā de míngzi jiào "Róngbǎo", shì dì

31 届 世界大学生夏季运动会 的 吉祥物。其实,
sānshiyī jiè Shìjièdàxuéshēngxiàjìyùndònghuì de jíxiángwù. Qíshí,

"蓉宝" 还 是 一 只 真实 存在 的 大熊猫。
"Róngbǎo" hái shì yì zhī zhēnshí cúnzài de dàxióngmāo.

"蓉宝" 的 命名 是 经过 公开 票选 出来 的,
"Róngbǎo" de mìngmíng shì jīngguò gōngkāi piàoxuǎnchūlai de,

这 也 是 大熊猫 命名方式 的 一 种。但是, 在
zhè yě shì dàxióngmāo mìngmíngfāngshì de yì zhǒng. Dànshì, zài

中国, 不 是 所有 大熊猫 都 会 通过 公开征集
Zhōngguó, bú shì suǒyǒu dàxióngmāo dōu huì tōngguò gōngkāizhēngjí

来 命名 的。
lái mìngmíng de.

大熊猫 命名 有 两 个 阶段:第一 个 阶段
Dàxióngmāo mìngmíng yǒu liǎng ge jiēduàn: dìyī ge jiēduàn

是 取 乳名。大体 有 四 类:一 是 双胞胎 取
shì qǔ rǔmíng. Dàtǐ yǒu sì lèi: yī shì shuāngbāotāi qǔ

"大""小", 比如, "晶晶" 生了 双胞胎, 哥哥 就 叫
"dà" "xiǎo", bǐrú, "Jīngjing" shēngle shuāngbāotāi, gēge jiù jiào

"晶大", 弟弟 叫 "晶小"。二 是 生了 多 个 幼仔 的
"Jīngdà", dìdi jiào "Jīngxiǎo". Èr shì shēngle duō ge yòuzǎi de

取 数字, 比如 "萌萌" 生了 三 只 幼仔, 按 出生
qǔ shùzì, bǐrú "Méngmeng" shēngle sān zhī yòuzǎi, àn chūshēng

时间 依次 叫 "萌大""萌二" 和 "萌三"。三 是 根据
shíjiān yīcì jiào "Méngdà" "Méng'èr" hé "Méngsān". Sān shì gēnjù

大熊猫 幼仔自身 特点 来 取。最后 一 类, 是
dàxióngmāo yòuzǎizìshēn tèdiǎn lái qǔ. Zuìhòu yí lèi, shì

工作人员 取, 比如 "毛笋"、"毛豆" 等。
gōngzuòrényuán qǔ, bǐrú "Máosǔn"、"Máodòu" děng.

解読の手がかり

是经过公开票选出来的：「公開投票で選出されたのである」。"是~的"の間に
　動詞フレーズを置いて、すでに起こったことについてその動作主・方式・
　場所・時間などを際立たせる用法です。

　例文1：你是怎么弄明白的？
　　　　　Nǐ shì zěnme nòngmíngbai de?

　例文2：这个计划是在十年前制定的。
　　　　　Zhè ge jìhuà shì zài shí nián qián zhìdìng de.

通过~来…：「~を通じて…する」。"来"は［V₁ 来 V₂］のように2つの動詞
　をつなぐ働きをします。この例のように V₁ が介詞化した場合も同様です。

　例文1：好的酒店通过服务来体现价值。
　　　　　Hǎo de jiǔdiàn tōngguò fúwù lái tǐxiàn jiàzhí.

　例文2：选手们通过训练来提高自己的水平。
　　　　　Xuǎnshǒumen tōngguò xùnliàn lái tígāo zìjǐ de shuǐpíng.

語　注

大熊猫	（タイトル注）「パンダ」
取名	（タイトル注）「名前をつける」「名づける」
成都	（地名）「成都（せいと）」。四川省の省都。
到处可见	「至る所で目にする」
火炬	「たいまつ」
第31届世界大学生夏季运动会	「第31回 FISU 夏季ワールドユニバーシティ ゲームズ」
公开票选出来	「公開の投票で選ぶ」
取乳名	「愛称をつける」。"乳名"は幼いときだけ使う名前のこと。
双胞胎	「双子」
幼仔	「（動物の）赤ちゃん」
按~依次	「~の順番で」
"毛笋"、"毛豆"	「『タケノコ』、『エダマメ』」

第二 阶段 是 取 正式名字，取名方法 有 以下
Dì'èr jiēduàn shì qǔ zhèngshìmíngzi, qǔmíngfāngfǎ yǒu yǐxià

几 种。一 是 公开征集。2008 年，北京奥运会
jǐ zhǒng. Yī shì gōngkāizhēngjí. Èrlínglíngbā nián, Běijīng'àoyùnhuì

首日 出生 的 大熊猫 被 命名为 "奥莉奥"。二 是
shǒurì chūshēng de dàxióngmāo bèi mìngmíngwéi "Àolì'ào". Èr shì

官方发布。2017 年，成都 旅法 大熊猫 "欢欢" 的
guānfāngfābù. Èrlíngyīqī nián, Chéngdū lǚFǎ dàxióngmāo "Huānhuan" de

幼仔，由 中法两国政府 命名为 "圆梦"。三 是
yòuzǎi, yóu Zhōng-Fǎliǎngguózhèngfǔ mìngmíngwéi "Yuánmèng". Sān shì

公益冠名。一些 组织 或 保护机构 通过 提供赞助
gōngyìguànmíng. Yìxiē zǔzhī huò bǎohùjīgòu tōngguò tígōngzànzhù

获得 冠名权。但是，不管 怎么样，大熊猫 名字
huòdé guànmíngquán. Dànshì, bùguǎn zěnmeyàng, dàxióngmāo míngzi

中 最 多 的 还是 叠字，如 2021 年 诞生在
zhōng zuì duō de háishi diézì, rú èrlíng'èryī nián dànshēngzài

日本 上野动物园 的 双胞胎 就 叫"晓晓"和
Rìběn Shàngyědòngwùyuán de shuāngbāotāi jiù jiào "Xiǎoxiao" hé

"蕾蕾"。中文 里，叠字 有 音韵和谐、朗朗上口
"Lěilei". Zhōngwén li, diézì yǒu yīnyùnhéxié、 lǎnglǎngshàngkǒu

的 特点，用在 名字 上，很 便于 呼喊。
de tèdiǎn, yòngzài míngzi shang, hěn biànyú hūhǎn.

大熊猫 有了 正式 的 名字，就 会 得到 一
Dàxióngmāo yǒule zhèngshì de míngzi, jiù huì dédào yí

个 国际统一编号，无论 它 走到 哪 个 国家，都 是
ge guójìtǒngyībiānhào, wúlùn tā zǒudào nǎ ge guójiā, dōu shì

一样 的 名字 和 一样 的 编号。
yíyàng de míngzi hé yíyàng de biānhào.

解読の手がかり

<u>由</u>~**命名为**…：「～によって…と名づけられた」。"由~"は動作行為の実行者
や責任者を表します。一般には「～が」と訳します。

例文1：索尼是由盛田昭夫等人创办的。
　　　　Suǒní shì yóu Shèngtián-Zhāofū děng rén chuàngbàn de.

例文2：美国总统的中文名字是由新华社决定的。
　　　　Měiguózǒngtǒng de Zhōngwénmíngzi shì yóu Xīnhuáshè juédìng de.

诞生<u>在</u>~：「～に生まれた」。［動詞＋"在"］の形で、動作の結果どこに存在す
るようになったかを表します。動詞＋結果補語と解釈されることもありま
す。

例文1：他喜欢躺在床上看书。
　　　　Tā xǐhuan tǎngzài chuángshang kàn shū.

例文2：牧民们骑着马奔驰在草原上。
　　　　Mùmínmen qízhe mǎ bēnchízài cǎoyuán shang.

語　注

公开征集	「公開募集」
首日	「初日」
官方发布	「公式発表」「政府発表」
旅法	「フランス滞在中」
公益冠名	「公益団体による命名」
不管怎么样	「いずれにせよ」
叠字	「同じ文字を重ねた言葉」
音韵和谐	「音の響きがいい」
朗朗上口	「読みやすい」
便于呼喊	「呼びやすい」。"便于~"は「～しやすい」。
得到	「得る」
国际统一编号	「世界統一番号」

　広大な中国は生物資源も豊富で、脊椎動物は2900種余り（世界の10%以上）、高等植物は3万6000種余り（世界第三位、固有種は1万5000種以上）に達しています。すでに1989年に〈野生動物保護法〉が、1997年に〈野生植物保護条例〉が施行され、その後も修正が加えられました。その間、1995年に第一次全国野生動植物資源調査を、2011年に第二次調査を実施、2020年6月には〈全国重要生態システム保護・修復重大プロジェクト総合プラン（2021-2035）〉が発表されました。現在262の組織が成立、陸地32地域（全土の29%）、海上3地域が生物多様性保護優先区域に指定され、国立公園などで国土の25%に及ぶレッドライン地域の生態保護が進んでいます。

　その結果、絶滅危惧生物の保護・繁殖活動にも成果が見られ、ジャイアントパンダは1970〜80年代の1114頭から1864頭に、トキは1981年の8羽から5000羽にまで回復しました。一時は絶滅が伝えられた長江スナメリも〈長江スナメリ救助活動計画（2016-2025）〉などにより、東北トラも東北虎豹国立公園の建設などで着実に息を吹き返しつつあります。

　中国独自の植物資源の価値も非常に重視し始め、各地に200カ所もの植物園を開設、国内植物の3分の2にあたる2万種以上を保存、206種の絶滅危惧種を野生に戻すとともに、2021年9月には最新〈国家重点保護野生植物リスト〉455種・40類を公表しています。特に植物が豊富な南方の湿潤温暖な地域では、2022年7月11日、広東省広州市に華南国家植物園が開園、経済植物6000種以上を含む2万種以上の植物と、華南地方の絶滅危惧種の95%を育てる計画です。また、全国の高等植物の50.1%、1万9333種が自生し、国家重点保護植物の90%以上を擁する雲南省にある中国科学院昆明植物研究院には1万601種の種子が収集されています。

コトバのあれこれ —— 「三」は今も健在

★**新三座大山 xīnsānzuòdàshān**：房子 fángzi（マイホーム）、教育 jiàoyù（子供の教育費）、医疗 yīliáo（医療費）or 养老 yǎnglǎo（老後に備える費用）

"三座大山"の語源は毛沢東語録に由来します。毛が言う"三座大山"は「封建主義、資本主義、帝国主義」でした。「山」は圧迫、圧力のたとえとして使われています。

★**新三害 xīnsānhài**：网络诈骗 wǎngluòzhàpiàn（ネット詐欺）、沉迷手机 chénmíshǒujī（携帯依存）、网赌 wǎngdǔ（ネットカジノ）

『除三害』という有名な昔話があります。虎、竜と悪い奴のこと。教育的な話で京劇の演目にもなっています。

数字化，助民生

Shùzìhuà, zhù mínshēng

長沙市にて。運行状況表示と自販機を兼ねたバス停

デジタル化の恩恵は市民生活に様々な利便を与えています。その１つが都市のデジタル化。行政のデジタル化はもちろん、様々な生活場面で画期的な変化が生じています。

「三日会わざれば、刮目して相まみえるべし」と言っても大げさではない中国。あなたは中国で生活できますか。

〈1〉数字"管家"进 小区
yī　Shùzì　"guǎnjiā"　jìn　xiǎoqū

"一 个 松松垮垮 的 通信电缆井盖，车 一 过
Yí　ge　sōngsōngkuǎkuǎ　de　tōngxìndiànlǎnjǐnggài,　chē　yí　guò

就 '哐' 一声 巨响，跟 物业 投诉 好几 次，没
jiù　'kuāng'　yìshēng　jùxiǎng,　gēn　wùyè　tóusù　hǎojǐ　cì,　méi

反应；打 电话 给 运营商，如 石沉大海……"。为
fǎnyìng;　dǎ　diànhuà　gěi　yùnyíngshāng,　rú　shíchéndàhǎi……".　Wèi

这 件 事，广东省 珠海市 一 小区 的 居委会
zhè　jiàn　shì,　Guǎngdōngshěng　Zhūhǎishì　yì　xiǎoqū　de　jūwěihuì

主任 文会真 烦恼了 好 一阵子。最近，一 个
zhǔrèn　Wén-Huìzhēn　fánnǎole　hǎo　yízhènzi.　Zuìjìn,　yí　ge

"城市管家" 小程序 帮 他 解决了 困扰，在 手机
"chéngshìguǎnjiā"　xiǎochéngxù　bāng　tā　jiějuéle　kùnrǎo,　zài　shǒujī

上 简单 操作 几 下，两 天 后，就 有 施工人员
shang　jiǎndān　cāozuò　jǐ　xià,　liǎng　tiān　hòu,　jiù　yǒu　shīgōngrényuán

来到 小区，很 快 就 换了 个 新井盖。"这 要 放在
láidào　xiǎoqū,　hěn　kuài　jiù　huànle　ge　xīnjǐnggài.　"Zhè　yào　fàngzài

过去，可 没 这么 容易 解决。" 文会真 说。
guòqù,　kě　méi　zhème　róngyì　jiějué."　Wén-Huìzhēn　shuō.

为 破解 小区管理难题、提升 居民生活 获得感
Wèi　pòjiě　xiǎoqūguǎnlǐ'nántí,　tíshēng　jūmínshēnghuó　huòdégǎn

和 幸福感，2021 年 12 月，广东省 珠海市
hé　xìngfúgǎn,　èrlíng'èryī　nián　shí'èr　yuè,　Guǎngdōngshěng　Zhūhǎishì

通过 信息普查，做成了 第一 张 城市电子网格地图，
tōngguò　xìnxīpǔchá,　zuòchéngle　dìyī　zhāng　chéngshìdiànzǐwǎnggédìtú,

把 全市 1085 个 小区 全部 纳入了 数字城市-
bǎ　quánshì　yìqiānlíngbāshiwǔ　ge　xiǎoqū　quánbù　nàrùle　shùzìchéngshì-

管理 的 网格。
guǎnlǐ　de　wǎnggé.

〈2〉"智慧公交" 让 出行 更 便捷
èr　"Zhìhuìgōngjiāo"　ràng　chūxíng　gèng　biànjié

等 很 久，怎么 也 等不来 自己 要 坐 的 那
Děng　hěn　jiǔ,　zěnme　yě　děngbulái　zìjǐ　yào　zuò　de　nà

解読の手がかり

车一过就…：「車が通り過ぎるとすぐ…する」。"一～就…"で、2つの動作が
時間を置かず行われることを表します。

> 例文1：我一紧张，手就冒汗。
> 　　　　Wǒ yì jǐnzhāng, shǒu jiù mào hàn.

> 例文2：你一有空，就做什么?
> 　　　　Nǐ yì yǒu kòng, jiù zuò shénme?

如石沉大海：「まるで石が海に沈んだよう（に音沙汰がない）」。この"如"は
「～のようだ」の意味です。

> 例文1：佛经上说，人生如梦幻，如露亦如电。
> 　　　　Fójīng shang shuō, rénshēng rú mènghuàn, rú lù yì rú diàn.

> 例文2：养乐多数十年如一日推广益生菌产品。
> 　　　　Yǎnglèduō shùshí nián rú yí rì tuīguǎng yìshēngjùnchǎnpǐn.

語　注

数字"管家"	「デジタル『管理人』」。"管家"は古くは「執事」。
小区	「団地」
松松垮垮	「ちゃんとはまっていない」
井盖	「マンホールのふた」
'哐'一声	「ガシャンという音」
巨响	「大きく響く」「大きな音を立てる」
物业	「不動産住宅の管理会社」
投诉	「クレームをつける」
运营商	「運営会社」
广东省珠海市	（地名）「広東（かんとん）省珠海（しゅかい）市」
文会真	（人名）「文会真（ぶん・かいしん）」
小程序	「ミニプログラム」
帮～	「代わりに～する」
这要放在过去	「それは昔なら」
破解难题	「難題を解決する」
获得感	「満足感」
网格	「区割り」。管理と情報収集をしやすくするため、行政区域を さらに細かく区分けしたもの。それぞれに責任者がいます。
智慧公交	「スマート公共交通」
怎么也等不来	「いくら待っても来ない」⇒"怎么也"は p.87 解読の手がかり

趟。刚 走开 去 买 瓶 水，车 就 来 了，结果 只
tàng. Gāng zǒukāi qù mǎi píng shuǐ, chē jiù lái le, jiéguǒ zhǐ

能 再 等 下 一 趟。大家 有 没有 这样 等 公交
néng zài děng xià yí tàng. Dàjiā yǒu méiyǒu zhèyàng děng gōngjiāo

的 经历？在 长沙市 望城区，"智慧公交" 系统 让
de jīnglì? Zài Chángshāshì Wàngchéngqū, "zhìhuìgōngjiāo" xìtǒng ràng

群众 等 公交 不 再 "望眼欲穿"。
qúnzhòng děng gōngjiāo bú zài "wàngyǎnyùchuān".

夏日炎炎 的 下午，市民 吴秀娟 在 手机 上
Xiàrìyányán de xiàwǔ, shìmín Wú-Xiùjuān zài shǒujī shang

查到 下 一 趟 车 还 有 10 分钟 才 到站，于是
chádào xià yí tàng chē hái yǒu shí fēnzhōng cái dàozhàn, yúshì

去 附近 超市 买了 瓶 水，掐着 时间 回到 站台，
qù fùjìn chāoshì mǎile píng shuǐ, qiāzhe shíjiān huídào zhàntái,

正好 上车。2021 年 6 月，望城区 完成
zhènghǎo shàngchē. Èrlíng'èryī nián liù yuè, Wàngchéngqū wánchéng

"智慧公交" 一 期 工程，大大 提高了 市民 的 出行
"zhìhuìgōngjiāo" yī qī gōngchéng, dàdà tígāole shìmín de chūxíng

效率。
xiàolù.

"这 个 电子站牌 上 的 字 又 大 又 清楚，
"Zhè ge diànzǐzhànpái shang de zì yòu dà yòu qīngchu,

我们 老年人 不 晓得 用 手机，看 这 个 很 方便！"
wǒmen lǎoniánrén bù xiǎode yòng shǒujī, kàn zhè ge hěn fāngbiàn! "

正在 等 公交 的 沈娭毑 感慨地 说。
Zhèngzài děng gōngjiāo de Shěn āijiě gǎnkǎide shuō.

未来 已 来，不仅 政府 更 深刻 体会到 数字化
Wèilái yǐ lái, bùjǐn zhèngfǔ gèng shēnkè tǐhuìdào shùzìhuà

的 价值，大数据、人工智能 也 将 真正 进入到
de jiàzhí, dàshùjù, réngōngzhìnéng yě jiāng zhēnzhèng jìnrùdào

每 个 人 的 生活。
měi ge rén de shēnghuó.

解読の手がかり

还有 10 分钟才到站：「あと 10 分たってやっとバス停に着く」。"才"は話し手
が「時間がかかる」「スムーズでない」と感じていることを表します。

例文 1：花落了，才会结出果实，这是自然的原理。
　　　　Huā luòle, cái huì jiēchū guǒshí, zhè shì zìrán de yuánlǐ.

例文 2：吃了这么多年，才知道毛豆和黄豆是一种东西。
　　　　Chīle zhème duō nián, cái zhīdao máodòu hé huángdòu shì yì zhǒng dōngxi.

不仅~，也…：「~するだけでなく…も」。

例文 1：老师不仅教书也要育人。
　　　　Lǎoshī bùjǐn jiāoshū yě yào yùrén.

例文 2：有些智能设计不仅便捷，也让生活充满仪式感。
　　　　Yǒuxiē zhìnéng shèjì bùjǐn biànjié, yě ràng shēnghuó chōngmǎn yíshìgǎn.

語　注

趟	バスなどの本数を数える量詞。
刚~就…	「・したばかりだが、すぐ…」
只能~	「~するほかない」
长沙市望城区	（地名）「長沙（ちょうさ）市望城（ぼうじょう）区」。長沙市 は湖南省の省都。
让~不再…	「二度と~に…させない」
望眼欲穿	（四字成語）「待ち焦がれる」
掐着时间	「時間ギリギリに」
正好	「ちょうど」
不晓得	「分からない」。南方の方言です。
沈娭毑	「沈（しん）おばあちゃん」。"娭毑"は年配の女性を呼ぶとき に使われる湖南省地域の方言です。
大数据	「ビッグデータ」

中国は、2021年8月時点で全国に103.7万カ所の5G基地局ができ（全世界の70％以上）、端末数は4.2億前後（全世界の80％以上）、農村4G普及率は99％に達し、モバイル決済、ネットショッピング、オンライン学習、オンライン手続きは当たり前になりました。その中で発表された〈第14次5カ年計画デジタル経済発展プランの通知〉はその前文で「デジタル経済とは、農業経済、工業経済に続く新たな主要経済形態であり、その内容は、デジタルリソースを主要な要素とし、現代情報ネットワークを主要なキャリアとし、ITの融合応用、全要素のデジタル化を重要な推進力とし、公平性と効率性のさらなる一体化を促進する経済形態である」と定義づけています。

さらに同プランは、デジタル経済における中国の競争力・影響力の強化を2025年目標とし、以下の5項目を掲げました。①デジタルリソースの市場システムを整備し、研究開発・生産・流通・サービス・消費というバリューチェーン全体の協力を推進する。②農業のデジタル化、製造業のデジタル化、ネット化、AI化を進める。③デジタル産業イノベーション能力を高め、新たな産業モデルで世界をリードする。④デジタルインフラを行政サービス・公共サービス・社会保障・ソーシャルガバナンスの柱とする。⑤デジタル経済のガバナンスシステムを整備する。

最近の人民日報は、都市、農村、電力ネット、医療、教育、行政・法治、環境保護など様々なデジタル化記事に溢れています。中でも製造業のデジタル化、特に中小企業のデジタル化が急務で、政府は2022年末までに10万社以上の中小企業にデジタル化転換支援を提供し、それらの企業業務をクラウドに接続する目標を立てています。

コトバのあれこれ ── 様々な「～感」

★余裕感 yúyùgǎn　　余裕がある雰囲気

★既視感 jìshìgǎn　　見たことがある感じ

★获得感 huòdégǎn　　ご褒美をもらった気分

★分寸感 fēncùngǎn　　距離の取り方がうまい

★边界感 biānjiègǎn　　他人との境界を分かる能力

★控场感 kòngchǎnggǎn　　場を支配する感じ

★网感 wǎnggǎn ネットっぽい

★败好感 bàihǎogǎn 好感度が下がる

辣椒大王的 "候鸟农业"

Làjiāodàwáng de "hòuniǎonóngyè"

「トウガラシ大王」楊意紅さん

　　貧困脱出政策の切り札は起業促進。生活補助を出すだけでは自立できません。おりしも、ネットと物流システムが整備され、世は EC 全盛時代。
　　農業の産業化と農産品のブランド化の波は農民たちの生活を急速に変化させ、農業の科学技術化も日進月歩です。

辣椒　于　明朝末年　传入　中国。然而，直到
Làjiāo　yú　Míngcháomònián　chuánrù　Zhōngguó. Rán'ér,　zhídào

清　嘉庆年间　(18　世纪末)，湖南、四川　两地　才
Qīng　Jiāqìngniánjiān　(shíbā　shìjìmò),　Hú'nán、Sìchuān　liǎngdì　cái

普遍　食用　辣椒，然后　才　有了　以　辣味　为　特色　的
pǔbiàn　shíyòng　làjiāo,　ránhòu　cái　yǒule　yǐ　làwèi　wéi　tèsè　de

湘菜　和　川菜　菜系。中国　有　句　人人皆知　的
Xiāngcài　hé　Chuāncài　càixì. Zhōngguó　yǒu　jù　rénrénjiēzhī　de

俗话："四川人　不　怕　辣，江西人　辣　不　怕，湖南人
súhuà: "Sìchuānrén　bú　pà　là, Jiāngxīrén　là　bú　pà, Hú'nánrén

怕　不　辣"。不管　怎么样，湖南人　餐桌　上　最最
pà　bú　là". Bùguǎn　zěnmeyàng, Hú'nánrén　cānzhuō　shang　zuìzuì

重要　的　就是　辣椒，无辣　不吃。当然，"辣椒大王"
zhòngyào　de　jiùshì　làjiāo,　wúlà　bùchī. Dāngrán,　"làjiāodàwáng"

是　湖南人，也　就　不足为奇　了。
shì Hú'nánrén,　yě　jiù　bùzúwéiqí　le.

人称　"辣椒大王"　的　杨意红，　初中　毕业　后　就
Rénchēng　"làjiāodàwáng"　de Yáng-Yìhóng, chūzhōng　bìyè　hòu　jiù

回　老家　湖南　浏阳　当　农民，82　岁　的　人生
huí　lǎojiā　Hú'nán　Liúyáng　dāng　nóngmín, bāshí'èr　suì　de　rénshēng

中，大半辈子　都　是　在　种　辣椒。其实，虽然
zhōng,　dàbànbèizi　dōu　shì　zài　zhòng　làjiāo. Qíshí,　suīrán

湖南人　对　辣椒　独有钟情，但是，湖南　本地　的
Hú'nánrén　duì　làjiāo　dúyǒuzhōngqíng,　dànshì,　Hú'nán　běndì　de

气候　和　土壤　并　不　适合　种植　辣椒。一　到
qìhòu　hé　tǔrǎng　bìng　bú　shìhé　zhòngzhí　làjiāo. Yí　dào

冬天，湖南人　就　吃不到　新鲜　的　辣椒　了。
dōngtiān, Hú'nánrén　jiù　chībudào　xīnxiān　de　làjiāo　le.

为了　解决　这　一　问题，1987　年　初冬，
Wèile　jiějué　zhè　yī　wèntí,　yījiǔbāqī　nián　chūdōng,

解読の手がかり

<u>于明朝末年</u>：「明末に」。論説体の表現で、"于"の後に時間を表す語句が置か
れる用法です。他にも場所や対象など、様々な要素が置かれます。

例文1：中国网络文明大会将于近日在天津举行。
　　　　Zhōngguó wǎngluòwénmíngdàhuì jiāng yú jìnrì zài Tiānjīn jǔxíng.

例文2：金证股份于北京成立金融科技公司。
　　　　Jīnzhènggǔfèn yú Běijīng chénglì jīnróngkējìgōngsī.

<u>以辣味为特色</u>：「辛味を特色とする」。"以～为…"は論説体の常用表現です。
"以～为主"「～を主とする」などの形もよく使われます。

例文1：城市设计要以人为本。
　　　　Chéngshì shèjì yào yǐ rén wéi běn.

例文2：以德为先，是用人的标准。
　　　　Yǐ dé wéi xiān, shì yòngrén de biāozhǔn.

語　注

<u>辣椒大王</u>	（タイトル注）「唐辛子大王」
候鸟农业	（タイトル注）「渡り鳥農業」
传入～	「～に伝わる」
清嘉庆年间	「清の嘉慶年間（1796年～1820年）」
湘菜和川菜菜系	「湖南料理と四川料理の系統」
四川人不怕辣，江西人辣不怕，湖南人怕不辣	（俗語）「四川の人は辛いのが怖くない、江西の人はいくら辛くても平気、湖南の人は辛くないのが心配」。"江西人"は"贵州人"という説もあります。
无辣不吃	「辛くないものは食べない」
不足为奇	（四字成語）「珍しくない」
杨意红	（人名）「楊意紅（よう・いこう）」。1941年～。
浏阳	（地名）「瀏陽（りゅうよう）」。湖南省にある県級市。
大半辈子	「人生の大半」
独有钟情	（四字成語）「あるものに特別愛情を注ぐ」
吃不到	「（手に入らず）口にすることができない」。可能補語の否定形です。

杨意红 带着 30多 名 村民，一起 前往 海南，
Yáng-Yìhóng dàizhe sānshíduō míng cūnmín, yìqǐ qiánwǎng Hǎinán,

利用 海南 的 土壤 和 气候 优势，在 海南 租地
lìyòng Hǎinán de tǔrǎng hé qìhòu yōushì, zài Hǎinán zūdì

种植 辣椒，收获 后 将 辣椒 运回 湖南 销售，
zhòngzhí làjiāo, shōuhuò hòu jiāng làjiāo yùnhuí Hú'nán xiāoshòu,

开创了 "候鸟农业" 新型生产模式。
kāichuàngle "hòuniǎonóngyè" xīnxíngshēngchǎnmóshì.

功夫不负有心人，"候鸟农业" 新型模式 获得
Gōngfubúfùyǒuxīnrén, "hòuniǎonóngyè" xīnxíngmóshì huòdé

成功。浏阳农民 在 海南 种植 辣椒 的 面积
chénggōng. Liúyángnóngmín zài Hǎinán zhòngzhí làjiāo de miànjī

越来越 大，每年 运回 湖南 的 辣椒 10余万 吨。
yuèláiyuè dà, měinián yùnhuí Hú'nán de làjiāo shíyúwàn dūn.

不仅 解决了 湖南 本地 的 辣椒需求问题，还
Bùjǐn jiějuéle Hú'nán běndì de làjiāoxūqiúwèntí, hái

培育出了 不少 新品种。
péiyùchūle bùshǎo xīnpǐnzhǒng.

与 辣椒 打 交道 60 年，对于 杨意红 而言，
Yǔ làjiāo dǎ jiāodao liùshí nián, duìyú Yáng-Yìhóng éryán,

辣椒 已经 不 是 简单 的 食材。在 他 眼里，辣椒
làjiāo yǐjīng bú shì jiǎndān de shícái. Zài tā yǎnli, làjiāo

代表 的 是 一 种 精神，湖南人 吃得苦、耐得烦、
dàibiǎo de shì yì zhǒng jīngshén, Hú'nánrén chīdekǔ、 nàidefán、

霸得蛮 的 精神，就是 来自 小小 辣椒。
bàdemán de jīngshén, jiùshì láizì xiǎoxiǎo làjiāo.

解読の手がかり

<u>对于杨意红而言</u>：「楊意紅さんにとって」。会話体の"对～来说"に相当します。

　例文1：对于股市而言，耐心是投资最重要的品质。
　　　　Duìyú gǔshì éryán, nàixīn shì tóuzī zuì zhòngyào de pǐnzhì.

　例文2：对于大多数中国人而言，这是一个酷热难耐的夏季。
　　　　Duìyú dàduōshù Zhōngguórén éryán, zhè shì yí ge kùrè nánnài de xiàjì.

<u>来自</u>～：「～から来る」。"自"は起点を表し、動詞の後につく形には"出自～" 「～から出る、～による」、"发自～"「～から発する」などがあります。いずれも論説体専用の言い回しです。

　例文1：苏轼有一首词，其中每一句都出自唐诗。
　　　　Sū-Shì yǒu yì shǒu cí, qízhōng měi yí jù dōu chūzì Tángshī.

　例文2：真正的自律是一种发自内心的自觉坚持。
　　　　Zhēnzhèng de zìlǜ shì yì zhǒng fāzì nèixīn de zìjué jiānchí.

語　注

租地	「耕地を借りる」
开创了～模式	「～モデルを切り開いた」「～様式を初めて作った」
功夫不负有心人	「努力は心ある人を裏切らない」「真剣にやれば必ずできる」
培育出～	「～を育て上げる」
与～打交道	「～と付き合う」
吃得苦、耐得烦、霸得蛮	「苦労をいとわず、面倒なことに耐えられて、負けず嫌い」。"霸蛮"は湖南方言で「強気に出る」「前向きに頑張る」というニュアンス。いずれも可能補語の肯定形です。

　2021 年第 1 四半期、中国の農民一人当たりの可処分所得は 5398 元で、価格要素を排除しても実質 16.3％増と順調な伸びを示しました。年間で見ると、2020 年は 1 万 7131 元で、伸び率は 11 年連続して都市の住民を上回り、その収入格差は、2011 年の 3.13 倍から 2.56 倍にまで縮小しました。

　政府は農村政策の 1 つとして、金融支援に力を入れています。農業農村部は先頃、金融機関と連携して全国"三農"（農村・農業・農民）金融支援モデルとして〈民間資本の農業・農村投資の手引き（2021 年）〉を発表、民間資本に、近代的栽培業・農産物加工流通業・農村新型サービス業など 13 の重点領域への投資を促し、新たな投資形式の創出、協力用プラットフォームの構築を提案しました。また、生産地における冷蔵施設の建設に力を入れ、昨年の全国 16 の一級行政区における試験的拠点整備に加え、2021 年は中央政府が 80 億元を投入して本格的推進に舵を切りました。今後の重点投資項目になるでしょう。

　農村の目覚ましい発展の象徴が農業の科学技術化、すなわち情報化と機械化です。2020 年の統計によれば、農業のデジタル化レベルは 10％に、農業に対する科学技術の貢献度は 60％に迫っています。また、応用面から見ると、データプラットフォームサービスが 40％を占め、続いて、ドローンの利用が 35％、精密農業が 15％、農業機械の自動運転が 10％となっています。

　"緑色栽培技術"も奨励されています。化学肥料・除草剤・防虫剤を減らし、緑肥・有機肥料・微生物菌の複合利用による「安全な食品」の生産が急速に広まり、2020 年までに 2.2 万点の緑色・有機食品、地方特産品が認証を受けました。一方、汚染耕地対策も 5000 万ムーで進められ、輪作や休耕田も 4000 万ムーで施行されています。

コトバのあれこれ —— 博覧会クイズ

　　"〜博覧会"の略は"〜博会 bóhuì"。下記のものは？

①进 jìn 博会　　②工 gōng 博会　　③家 jiā 博会　　④世 shì 博会

⑤博博会　　　　⑥丝 sī 博会　　　⑦消 xiāo 博会　　⑧农 nóng 博会

⑨软 ruǎn 博会　⑩旅 lǚ 博会

ヒント：进＝进口、工＝工业、家＝家具、世＝世界、博＝博物馆、
　　　　丝＝丝绸之路、消＝消费、农＝农业、软＝软件、旅＝旅游

（答え：①輸入博覧会　②工業博覧会　③家具博覧会　④万博
⑤博物館博覧会　⑥シルクロード博覧会　⑦消費博覧会　⑧農業博覧会　⑨ソフトウェア博覧会
⑩観光博覧会）

消费中看时代之变迁

Xiāofèi zhōng kàn shídài zhī biànqiān

一時は「街歩き」代わりだったカルフール（上）、
中国発アプリのいろいろ（下）

コロナの影響で経済のかじ取りに困難が
増す中、消費をいかにして喚起するかは、
ここ２年ほど、政府が最も腐心するところ。
オフラインとオンラインのせめぎ合い、
デリバリー消費の急増に巣籠り需要と、消
費構造が変化する中、若者の消費性向にも
大きな変化が。

2022 年 3 月 31 日，北京 中关村
Èrlíng'èr'èr nián sān yuè sānshiyī rì, Běijīng Zhōngguāncūn

家乐福 正式 关门 了。作为 亚洲 最大 的 旗舰店，
Jiālèfú zhèngshì guānmén le. Zuòwéi Yàzhōu zuìdà de qíjiàndiàn,

2004 年 开业 时，对 当时 的 消费者 来说，"是
èrlínglíngsì nián kāiyè shí, duì dāngshí de xiāofèizhě láishuō "shì

当 旅游景点 去 逛 的"，"逛 家乐福 就 和 逛街
dàng lǚyóujǐngdiǎn qù guàng de", "guàng Jiālèfú jiù hé guàngjiē

一样"。
yíyàng".

　　家乐福 自 1995 年 进入 中国 后，开启了
Jiālèfú zì yījiǔjiǔwǔ nián jìnrù Zhōngguó hòu, kāiqǐle

"一站式购齐" 的 大卖场时代。杨女士 回忆 说，
"yízhànshìgòuqí" de dàmàichǎngshídài. Yáng nǚshì huíyì shuō,

无论 什么时候 去，都 是 人来人往，遇上 节假日
wúlùn shénmeshíhou qù, dōu shì rénláirénwǎng, yùshàng jiéjiàrì

更是 人满为患。家住 东三环 的 董女士 说，
gèngshì rénmǎnwéihuàn. Jiāzhù Dōngsānhuán de Dǒng nǚshì shuō,

"大超市 太 大，去 一 次 至少 两 小时，太 麻烦
"Dàchāoshì tài dà, qù yí cì zhìshǎo liǎng xiǎoshí, tài máfan

了。" 2021 年，家乐福 在 中国 关闭了 20 家
le." Èrlíng'èryī nián, Jiālèfú zài Zhōngguó guānbìle èrshí jiā

店铺。
diànpù.

　　家乐福 并非 孤例。以 卖场模式 为 代表 的
Jiālèfú bìngfēi gūlì. Yǐ màichǎngmóshì wéi dàibiǎo de

传统 超市业态，似乎 已经 走到 悬崖边。以前，
chuántǒng chāoshìyètài, sìhū yǐjīng zǒudào xuányábiān. Yǐqián,

买东西 是 很 大 的 生活乐趣，但是，现在，有
mǎidōngxi shì hěn dà de shēnghuólèqù, dànshì, xiànzài, yǒu

更多 的 生活乐趣 代替了 购物，人们 不 想 在
gèngduō de shēnghuólèqù dàitìle gòuwù, rénmen bù xiǎng zài

解読の手がかり

关门了：「閉店した」。"了" は状況が変化したこと、新しい事態が発生したことを表します。"了" の前には名詞や形容詞が来ることもあります。

例文1：春天了，樱花就开了。
　　　　Chūntiān le, yīnghuā jiù kāi le.

例文2：我错过了一趟车，结果迟到了。
　　　　Wǒ cuòguòle yí tàng chē, jiéguǒ chídào le.

作为~：「~として」。"作为~" には「~とする」という動詞の用法と、「~として」という介詞の用法があります。ここでは後者です。

例文1：作为父母，一定要重视礼貌教育。
　　　　Zuòwéi fùmǔ, yídìng yào zhòngshì lǐmàojiàoyù.

例文2：青岛的12种美食特产作为 "伴手礼" 最棒。
　　　　Qīngdǎo de shí'èr zhǒng měishítèchǎn zuòwéi "bànshǒulǐ" zuì bàng.

語　注

中关村	（地名）「中関村（ちゅうかんそん）」。北京の繁華街の1つ。
家乐福	「カルフール」。フランス系スーパーの名前。
当~	「~として」
逛	「ぶらぶらする」。後文の "逛街" は「ウィンドーショッピング」の意。
和~一样	「~と同じ」⇒ p.89 解読の手がかり
一站式购齐	「ワンストップ型で買い揃えられる」
杨女士、董女士	「楊（よう）さん」／「董（とう）さん」。"女士" は一般的に女性への呼びかけに使われます。
遇上节假日	「祝祭日になる」
人满为患	（四字成語）「人でいっぱいだ」
家住~	「~に住んでいる」
东三环	「東三環（ひがしさんかん）」。内側から3番目の環状道路の東側。ただし、一番内側の "一环" はありません。
至少	「少なくとも」
并非孤例	「特別な例外ではない」
走到悬崖边	「崖っぷちに立たされた」
生活乐趣	「生活の楽しみ」

买东西 上 花 太 多 的 时间 了。
mǎidōngxi shang huā tài duō de shíjiān le.

其实，就 连 历时 13 年 的 "双十一" 购物节
Qíshí, jiù lián lìshí shísān nián de "Shuāngshíyī" gòuwùjié

也 在 发生 变化。2021 年 的 "双十一"，低碳
yě zài fāshēng biànhuà. Èrlíng'èryī nián de "Shuāngshíyī", dītàn

成 关键词。进入 11 月，天猫 就 发布了 "双十一"
chéng guānjiàncí. Jìnrù shíyī yuè, Tiānmāo jiù fābùle "Shuāngshíyī"

绿色商品榜单，并 首次 专门推出 绿色会场，一口气
lǜsèshāngpǐnbǎngdān, bìng shǒucì zhuānméntuīchū lǜsèhuìchǎng, yìkǒuqì

上新 50多 万 件 绿色商品。
shàngxīn wǔshiduō wàn jiàn lǜsèshāngpǐn.

"快手"、"小红书" 和 "抖音" 三大 内容平台 也
"Kuàishǒu"、"Xiǎohóngshū" hé "Dǒuyīn" sāndà nèiróngpíngtái yě

加入了 "双十一"，这些 短视频行业 的 最大特点
jiārùle "Shuāngshíyī", zhèxiē duǎnshìpínhángyè de zuìdàtèdiǎn

就是 直播带货，更 具 生活体验。看了
jiùshì zhíbōdàihuò, gèng jù shēnghuótǐyàn. Kànle

实际应用场景 以后 再买，成了 主流。另外，
shíjìyìngyòngchǎngjǐng yǐhòu zài mǎi, chéngle zhǔliú. Lìngwài,

网购 的 新消费群体 Z世代 在 下单 时 也 更加
wǎnggòu de xīnxiāofèiqúntǐ Z shìdài zài xiàdān shí yě gèngjiā

理性，量入为出，不再 大手大脚。
lǐxìng, liàngrùwéichū, búzài dàshǒudàjiǎo.

有 专家 指出，"中国 进入了 个性化、多元化、
Yǒu zhuānjiā zhǐchū, "Zhōngguó jìnrùle gèxìnghuà, duōyuánhuà,

多层次 消费 的 时代。消费群体 的 成长，以及
duōcéngcì xiāofèi de shídài. Xiāofèiqúntǐ de chéngzhǎng, yǐjí

经济、社会、文化 的 发展，将 不断 重塑
jīngjì, shèhuì, wénhuà de fāzhǎn, jiāng búduàn chóngsù

消费价值体系。"
xiāofèijiàzhítǐxì."

解読の手がかり

连～也…：「～でさえ…だ」。"连～都…"とも言います。

　　例文1：他连做梦也没想到自己得到了第一名。
　　　　　Tā lián zuòmèng yě méi xiǎngdào zìjǐ dédàole dì yī míng.

　　例文2：中国有 10 座地级城市连一座山都没有。
　　　　　Zhōngguó yǒu shí zuò dìjíchéngshì lián yí zuò shān dōu méiyǒu.

将不断～：「絶えず～するだろう」「～することになっている」。"将"はこれから起こることを表します。会話体の"要"に相当します。

　　例文1：美联储将继续加息以抑通胀。
　　　　　Měiliánchǔ jiāng jìxù jiāxī yǐ yì tōngzhàng.

　　例文2：兔年生肖礼品包装创意设计将进入评审阶段。
　　　　　Tùniánshēngxiào lǐpǐnbāozhuāng chuàngyìshèjì jiāng jìnrù píngshěn jiēduàn.

語　注

历时～年	「～年にわたる」
"双十一" 购物节	「ダブルイレブンショッピングフェスティバル」。"双十一"は 11 月 11 日のこと。
低碳	「低炭素」
关键词	「キーワード」
天猫	「T モール」。アリババ傘下のネットショッピングサイト。
绿色商品榜单	「エコ商品リスト」
一口气	「一気に」
上新	「新商品を市場に送り出す」
"快手"、"小红书"和"抖音"	『『快手』、『小红书』、『TikTok』』。いずれも中国の IT 企業が開発した動画アプリです。
内容平台	「コンテンツプラットフォーム」
短视频	「ショート動画」
直播带货	「ライブコマース」「ライブ配信型ネット販売」
看了～再买	「～を見てから買う」
Z 世代	「Z 世代」。1995 年～2009 年生まれの若者を指します。人口は 2 億 6 千万超。
量入为出	（四字成语）「身の丈に合わせて買う」
不再～	「もう～しない」
大手大脚	（四字成语）「無駄遣い」「浪費」。金遣いが荒い様子。
重塑	「作り直す」

　消費動向の変化は経済発展に伴う生活の変化と密接に関わります。その経済変化を如実に反映するのが毎年 12 月末に開催される中央経済工作会議。過去 1 年間の経済や消費の動向を総括し、翌年 1 年間の経済政策の方向付けをする重要な会議です。では、2021 年 12 月の中央経済工作会議は、2022 年の取り組みとしてどんな内容を提示したのでしょうか。

　まず、基本的な背景として①コロナの影響②百年に一度の大変革③国際情勢の複雑化を、直面する圧力として①需要の収縮②供給のダメージ③景気予想の低迷を指摘した上で、以下の七大政策を掲げました。

　(一) 支出の加速、減税と公的費用引き下げ、零細企業向け支援強化、インフラ投資前倒しなどの積極的財政政策と、流動性の確保、実体経済（零細企業、イノベーション、グリーン発展）向け金融機関支援などの金融政策の併用 (二) ミクロ政策：市場主体の活力喚起、独占・不当競争取り締まり、知財権保護、各種所有制競争発展への環境造り (三) 構造政策：供給側改革、国内大循環（生産・分配・流通・消費）の円滑化、物流ネットの形成、産業のデジタル化、長期賃貸市場と商品住宅市場の健全な発展 (四) 科学技術政策：〈科学技術体制改革三年活動計画〉の実施と〈基礎研究 10 年計画〉の制定 (五) 生産要素配分市場化総合改革や国有企業改革三年行動の推進。外資企業の内国民待遇、外資参入の奨励、「一帯一路」の高度化 (六) 各地域の協調的発展、農村振興と新型都市化建設 (七) 民生対策：常住地での公共サービス提供、雇用問題、基本年金保険の全国的統一、人口老齢化に対応する人口政策の推進。

　こうしてみると、中国は今まさに大きな転換期にあり、人々の生活や消費を取り巻く環境は大きく変わろうとしているようです。

🧑 コトバのあれこれ ── "适（適）" が便利

「適」はとても古い漢字です。唐以前、左は「辵」で、右は音を意味する、帝の下に口が付いた「啻」のパーツでした。唐の時代の書体・楷書で今の「適」になりました。簡体字は右の部分が「舌」となっているのも音声を意味するものからでしょうか。「〜にちょうどいい」というニュアンスがあるので、日中とも新しい言葉が作られやすいようです。

★适童化 shìtónghuà 　　「子供向けの〜」　★适正化 shìzhènghuà「適正化」

★适量化 shìliànghuà 　　「適量化」　　　　★普适化 pǔshìhuà「一般化」

00后"整顿"职场

Línglínghòu "zhěngdùn" zhíchǎng

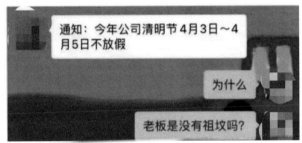

清明節が休みじゃないって？　お墓がないんですか？

"80后、90后、00后"、と世代の違いによる権利意識の違いは、共産党が統治する中国でも大きく変化しています。
　伝統的家族制度が核家族化し、封建的結婚観から女性が解放される中、民法に規定された様々な権利に対する人々の要求はますます強くなってきています。

2022 年 5 月，**朋友圈** 的 一 张 **截图**
Èrlíng'èr'èr nián wǔ yuè, péngyǒuquānr de yì zhāng jiétú

引起了 热议。"00后 整顿 职场，工作 一 年，
yǐnqǐle rèyì. "Línglínghòu zhěngdùn zhíchǎng, gōngzuò yì nián,

仲裁 四 家 公司，**告 倒闭 两 家**，我 **就是** 我，
zhòngcái sì jiā gōngsī, gào dǎobì liǎng jiā, wǒ jiùshì wǒ,

不一样 的 烟火。"
bùyíyàng de yānhuǒ."

"**临时加班**"、"强制性团建"、"和 不熟络 的 同事
"Línshíjiābān"、"qiángzhìxìngtuánjiàn"、"hé bùshúluò de tóngshì

社交"、"被 裁 却 拿不到 赔偿金"……对 这些
shèjiāo"、"bèi cái què nábudào péichángjīn"……Duì zhèxiē

人们 熟悉 的 **职场遭际**，80后 多半 **唯唯诺诺**，
rénmen shúxī de zhíchǎngzāojì, bālínghòu duōbàn wěiwěinuònuò,

90后 也 只是 消极 抵抗。但是， 00后 却 不 会
jiǔlínghòu yě zhǐshì xiāojí dǐkàng. Dànshì, línglínghòu què bú huì

逆来顺受，他们 开始 **质疑** 权威。
nìláishùnshòu, tāmen kāishǐ zhìyí quánwēi.

比如，**领导** 说 "6 点 开 个 会"， 00后 就
Bǐrú, lǐngdǎo shuō "liù diǎn kāi ge huì", línglínghòu jiù

直接 问 "有 加班费 吗"，如果 领导 说 "是 重要
zhíjiē wèn "yǒu jiābānfèi ma", rúguǒ lǐngdǎo shuō "shì zhòngyào

的 事"， 00后 还 会 反问 领导 **"为什么 不 早 点**
de shì", línglínghòu hái huì fǎnwèn lǐngdǎo "wèishénme bù zǎo diǎn

说"， 还 会 **搬出 劳动法**。领导 说，"你们 年轻人
shuō" hái huì bānchū Láodòngfǎ. Lǐngdǎo shuō, "nǐmen niánqīngrén

就是 **吃不了 苦，干不成 大事**"， 00后 就 反驳，
jiùshì chībùliǎo kǔ, gànbuchéng dàshì", línglínghòu jiù fǎnbó,

"大事 我 能 干，但 端茶倒水 取快递 不 在 此列".
"dàshì wǒ néng gàn, dàn duānchádàoshuǐ qǔkuàidì bú zài cǐliè".

跟 前辈们 **相比**， 00后 更 **看重** 工作 与
Gēn qiánbèimen xiāngbǐ, línglínghòu gèng kànzhòng gōngzuò yǔ

就活・留学準備の強力な味方！

あなたのグローバル英語力を測定

新時代のオンラインテスト

銀行のセミナー・研修にも使われています

CNN GLENTS

留学・就活により役立つ新時代のオンラインテスト

CNN GLENTS

初級者からの
ニュース・リスニング

CNN
Student News
2022 [夏秋]

動画音声付き
オンライン提供

音声アプリ＋動画で、
どんどん聞き取れる！

- レベル別に2種類の
  速度の音声を収録
- ニュース動画を字幕
  あり/なしで視聴できる

MP3・電子書籍版・
動画付き[オンライン提供]
A5判 定価1320円（税込）

1本30秒だから、聞きやすい！

CNN
ニュース・リスニング
2022 [春夏]

電子書籍版付き
ダウンロード方式で提供

[30秒×3回聞き]方式で
世界標準の英語がだれでも聞き取れる！

- 羽生結弦、「氷上の王子」
  の座はゆずらない
- オックスフォード英語
  辞典にKカルチャー旋風

MP3・電子書籍版付き
（ダウンロード方式）
A5判 定価1100円（税込）

新しい英語力測定テストです。
詳しくはCNN GLENTSホームページをご覧ください。

CNN GLENTSとは

GLENTSとは、Global ENglish Testing Systemという名の通り、世界標準の英語力を測るシステムです。リアルな英語を聞き取るリスニングセクション、海外の話題を読み取るリーディングセクション、異文化を理解するのに必要な知識を問う国際教養セクションから構成される、世界に通じる「ホンモノ」の英語力を測定するためのテストです。

https://www.asahipress.
com/special/glents

※画像はイメージです。

お問い合わせ先

株式会社 朝日出版社 「CNN GLENTS」事務局
フリーダイヤル: 0120-181-202 E-MAIL: glents_support@asahipress.com
（平日午前10時〜午後6時）

解読の手がかり

強制性団建：「強制的な社内団体活動」。中国語の"～性"は「～的」と訳すことがよくあります。

例文1：印尼致力于成为全球性力量。

Yìnní zhìlìyú chéngwéi quánqiúxìng lìliàng.

例文2：推动整体性革命性变革很重要。

Tuīdòng zhěngtǐxìng gémìngxìng biàngé hěn zhòngyào.

被裁却～：「リストラされたのに～だ」。"却"は予想や常識に合わないというニュアンスを表します。

例文1：已经很晚了，却怎么也睡不着。

Yǐjīng hěn wǎn le, què zěnme yě shuìbuzháo.

例文2：大家都同意这个方案，但老王却有不同看法。

Dàjiā dōu tóngyì zhè ge fāng'àn, dàn lǎo-Wáng què yǒu bùtóng kànfǎ.

語　注

00后	（タイトル注）「2000 年～2010 年の間に生まれた世代」
整顿	（タイトル注）「改革する」「変える」
朋友圈	「モーメンツ」。中国版 LINE「微信（WeChat）」のタイムラインのこと。
截图	「スクショ（スクリーンショット）」
引起热议	「熱い議論を引き起こす」
告倒闭两家	「2 社を訴え、倒産させた」
就是	「他でもなく」。"是"の意味を際立たせる表現。
临时加班	「臨時残業」
和～社交	「～とコミュニケーションを取る」
不熟络的同事	「あまりよく知らない同僚」
职场遭际	「職場で遭遇すること」
唯唯诺诺	（四字成語）「何でも言いなりになる」
逆来顺受	（四字成語）「理不尽なことを我慢して受け入れる」
质疑	「問いただす」
领导	「上司」
为什么不早点说	「なぜもっと早く言ってくれないのか？」。反語表現。
搬出劳动法	「労働法を持ち出す」
吃不了苦，干不成大事	「苦労をしないと、重要なことがやれない」
跟～相比	「～と比べる」
看重	「重視する」

生活 的 平衡，对 假期充足度、加班程度、通勤
shēnghuó de pínghéng, duì jiàqīchōngzúdù、 jiābānchéngdù、 tōngqín

距离 都 格外 关注。其中 00后 对 "事 少"、"离
jùlí dōu géwài guānzhù. Qízhōng línglínghòu duì "shì shǎo"、 "lí

家 近" 的 关注度，分别 比 85后 高出 10 个 百分点
jiā jìn" de guānzhùdù, fēnbié bǐ bāwǔhòu gāochū shí ge bǎifēndiǎn

和 4 个 百分点。
hé sì ge bǎifēndiǎn.

所谓 "00后 整顿 职场"，多半 是 希望
Suǒwèi "línglínghòu zhěngdùn zhíchǎng", duōbàn shì xīwàng

职场 变得 更 合情合理。但是 部分 70后 80后
zhíchǎng biànde gèng héqínghélǐ. Dànshì bùfen qīlínghòu bālínghòu

的 领导 就 会 说："工作 就是 这样 的 呀，既然
de lǐngdǎo jiù huì shuō: "Gōngzuò jiùshì zhèyàng de ya, jìrán

你 工作 了，就要 有 这样 的 觉悟，主动 多
nǐ gōngzuò le, jiùyào yǒu zhèyàng de juéwù, zhǔdòng duō

承担、少 要求 回报。"或者 做出 恨铁不成钢 的
chéngdān、shǎo yāoqiú huíbào." Huòzhě zuòchū hèntiěbùchénggāng de

样子 说："真 是 一代不如一代！"
yàngzi shuō: "Zhēn shì yídàibùrúyídài!"

真的 是 一代不如一代 吗? 也许 这样 的 领导
Zhēnde shì yídàibùrúyídài ma? Yěxǔ zhèyàng de lǐngdǎo

需要 知道：每 一代 人 的 价值观 就是 存在 差异。
xūyào zhīdao: měi yídài rén de jiàzhíguān jiùshì cúnzài chāyì.

有 勇气 和 底气 的 00后 "整顿 职场"，让
Yǒu yǒngqì hé dǐqì de línglínghòu "zhěngdùn zhíchǎng", ràng

侵占了 个人生活 的 工作 退回到 原有 的 界线，
qīnzhànle gèrénshēnghuó de gōngzuò tuìhuídào yuányǒu de jièxiàn,

有 何 不好 呢?
yǒu hé bùhǎo ne?

解読の手がかり

00后对~的关注度：「~に対する2000年代生まれの注目度」。［"A対B的"
＋名詞］の構造は、介詞フレーズを先に訳す癖をつけましょう。前から順
に「AのBに対する注目度」と訳していくと、「Aの注目度」「AのB」とい
う2通りに読める文になることがあるためです。介詞は"对"に限らず
他のものも使われます。

　例文1：消费者对品牌的忠诚主要来自质量和信用。
　　　　　Xiāofèizhě duì pǐnpái de zhōngchéng zhǔyào láizì zhìliàng hé xìnyòng.
　例文2：中国在世界上的地位越来越高。
　　　　　Zhōngguó zài shìjiè shang de dìwèi yuèláiyuè gāo.

变得更合情合理：「さらに納得できるものになる」。動詞＋状態補語の形です。
［動詞＋"得"］の後に、その動詞がどのように行われるか、あるいは動作の
結果どうなったかという説明が置かれます。

　例文1：他高兴得合不拢嘴。
　　　　　Tā gāoxìngde hébùlǒngzuǐ.
　例文2：他的就业之路走得非常艰辛。
　　　　　Tā de jiùyèzhīlù zǒude fēicháng jiānxīn.

語　注

分别	「それぞれ」
百分点	「ポイント」。統計学用語。
既然~，就要…	「~した以上、…するのだ」
回报	「見返り」
做出~的样子	「~の振りをして見せる」
恨铁不成钢	「成長の遅いことを焦る」
一代不如一代	「世代を追うごとに劣化している」
差异	「違い」「相違」
底气	「底力」
让~退回到…	「~を…に戻す」
有何不好呢？	「何がいけないのか？」。反語表現。

　中国初の人権白書が発表されたのは 1991 年。その後、2015 年の白書では、発展の権利、人身の権利、民主の権利、公正な裁判を受ける権利、少数民族の権利、女性・児童・老人の権利、身障者の権利、環境の権利、対外交流と協力の権利が明記され、2019 年 9 月の〈新中国人権事業発展 70 年〉でも、知る権利、参加する権利、表現の権利、監督する権利、教育を受ける権利、文化を享受する権利、民主的権利の保証が明記されました。しかし、「中国独自の人権とは生存権と発展権を主とする基本的人権である」という考えから、中国人権事業の最大の成果は貧困撲滅と小康社会の実現である、とされています。

　2021 年 8 月に全人代常務委員会で採択された〈中華人民共和国個人情報保護法〉の第 2 章「個人情報処理規則」では、一般的な規則に続き、信仰・健康・金融・所在などデリケートな個人情報の処理規則や、国家機関による個人情報処理特別規定が、また、第 3 章では、個人情報国外提供規則などが盛り込まれています。その中で、14 歳未満の未成年に関する情報の保護が強化されたことは注目に値します。〈2020 年全国未成年者インターネット使用状況研究報告〉によると、2020 年の中国未成年者ネットユーザーは 1.83 億人、普及率は 94.9 ％で、3 分の 1 以上の小学生が就学前にネットを使用し始めており、ネットによる暴力や詐欺も多発しています。

　2021 年 9 月の〈国家人権行動計画（2021-2025）〉にも、経済・社会・文化的権利、公民の権利と政治的権利、環境権利、さらには少数民族・女性・児童・老人・身障者といった特定グループの権益の保障が明記されてはいますが、共産党による「協商民主」という統治形態下でこれらをいかに上手く実現するか、その手腕が問われます。

コトバのあれこれ ── ゲーマーの表現が流行語に

★元宇宙 yuányǔzhòu　　　「メタバース」。漢字で表現されると、すごさが倍増しません？

★芭比q bābǐ-q　　　　「負けた」。語源はバーベキュー。焼かれた肉のように黒焦げた状態から負けたという意になったそうです。

★杀伤力 shāshānglì　　　「殺傷力」。ショックや傷つく度合いを意味します。

★破防 pòfáng　　　　　「防御や守備が破られた」。映画を見て涙を流すのは感情が抑えきれなかった状態によく使われています。

★柠檬精 níngméngjīng　　「嫉妬する人」。中国語でやきもちを酸味で表現しています。　　　　　　　　　　　　　“精”は「精霊」の「精」と同じ、何かが宿っているという意味です。

　例：他是个柠檬精。

《没头脑和不高兴》之父百岁生日

«Méitóunǎo hé Bùgāoxìng» zhī fù bǎi suì shēngrì

「中国児童文学の父」任溶溶（上）と、彼が生み出した人気キャラクター（右）

中国の絵本・童話・民話・漫画・アニメ・児童劇等、児童向け作品には、課文を含め、様々なキャラクターが存在しました。

孫悟空や、様々な神話上の人物と、キャラクターには事欠かない中国ですが、一方で現代中国の新たなヒーロー誕生にも期待が集まっています。

《没头脑 和 不高兴》 是 几 代 中国人 的
«Méitóunǎo hé Bùgāoxìng» shì jǐ dài Zhōngguórén de

童年记忆, 两 个 主人公, 一 个 做 什么 事 都
tóngniánjìyì, liǎng ge zhǔréngōng, yí ge zuò shénme shì dōu

丢三落四, 一 个 开口 就是 "不 高兴", 他们 的 故事
diūsānlàsì, yí ge kāikǒu jiùshì "bù gāoxìng", tāmen de gùshi

给 无数 孩子 带来了 欢乐。 这 对 "活宝" 的 "父亲"
gěi wúshù háizi dàiláile huānlè. Zhè duì "huóbǎo" de "fùqin"

就是 中国 著名 儿童文学 作家、 翻译家 任溶溶。
jiùshì Zhōngguó zhùmíng értóngwénxué zuòjiā、 fānyìjiā Rén-Róngrong.

任溶溶, 1923 年 出生在 上海, 初中
Rén-Róngrong, yījiǔ'èrsān nián chūshēngzài Shànghǎi, chūzhōng

就读于 一 家 英国 的 教会学校。 学校 除了 国文
jiùdúyú yì jiā Yīngguó de jiàohuìxuéxiào. Xuéxiào chúle guówén

等 课程 外, 其他 都 是 英语 授课, 这 为 他 后来
děng kèchéng wài, qítā dōu shì Yīngyǔ shòukè, zhè wèi tā hòulái

成为 翻译家 打下了 扎实 的 基本功。大学 毕业 后,
chéngwéi fānyìjiā dǎxiàle zhāshi de jīběngōng. Dàxué bìyè hòu,

有 人 托 他 翻译 外国 儿童故事, 由此, 他 的
yǒu rén tuō tā fānyì wàiguó értónggùshi, yóucǐ, tā de

人生 就 跟 儿童文学 结下了 不解之缘。 1958 年,
rénshēng jiù gēn értóngwénxué jiéxiàle bùjiězhīyuán. Yījiǔwǔbā nián,

《少年文艺》 的 编辑 催稿, 只 给 两 个 小时 的
«Shàoniánwényì» de biānjí cuīgǎo, zhǐ gěi liǎng ge xiǎoshí de

时间, 任溶溶 在 咖啡馆 里 写下 的 就是 《没头脑
shíjiān, Rén-Róngrong zài kāfēiguǎn li xiěxià de jiùshì «Méitóunǎo

和 不高兴》。 这 个 故事 在 1962 年 被 改编成
hé Bùgāoxìng». Zhè ge gùshi zài yījiǔliù'èr nián bèi gǎibiānchéng

动画片, 至今 仍 是 经典之作。
dònghuàpiàn, zhìjīn réng shì jīngdiǎnzhīzuò.

解読の手がかり

做什么事都~：「何をやっても~になる」。疑問詞の後に“都 / 也”が呼応して、「例外なくすべて」という意味を表します。

例文1：学会开车，去哪儿都可以。
　　　　Xuéhuì kāi chē, qù nǎr dōu kěyǐ.

例文2：孩子手机不离手，父母怎么说都没用。
　　　　Háizi shǒujī bù lí shǒu, fùmǔ zěnme shuō dōu méiyòng.

除了国文等课程外：「国語などの授業を除いて」。“除了”には除外と累加の2つの用法があります。ここでは前者です。累加の場合は“也 / 还”が呼応し、「~のほかに」と訳します。

例文1：除了老师以外，学生都到了。
　　　　Chúle lǎoshī yǐwài, xuésheng dōu dào le.

例文2：除了米兰以外，罗马也有意引进洛孔加。
　　　　Chúle Mǐlán yǐwài, Luómǎ yě yǒuyì yǐnjìn Luòkǒngjiā.

語　注

没头脑、不高兴	（タイトル注）任溶溶の絵本の登場人物。
丢三落四	（四字成語）「不注意がち」「うっかりする」
开口	「口を開く」
活宝	「おどけもの」「たわけもの」
任溶溶	（人名）「任溶溶（じん・ようよう）」。本名は任以奇（じん・いき）。2022 年 9 月 22 日に上海で逝去。
就读于~	「~で勉強する」
教会学校	「ミッションスクール」
打下基本功	「基礎を作る」
托他~	「彼に~を依頼する」
跟~结下不解之缘	「~と切っても切れない縁を結ぶ」
《少年文艺》	（雑誌名）『少年文芸』
编辑	「編集者」
催稿	「原稿の催促をする」
改编成动画片	「アニメ化する」
经典之作	「名作」

60 年代 后 的 **文革时期**， 任溶溶 被 **下放**到
Liùshí niándài hòu de Wén'géshíqī, Rén-Róngrong bèi xiàfàngdào

"**牛棚**"， 接受 改造。 虽然 身陷 逆境， 任溶溶 却
"niúpéng", jiēshòu gǎizào. Suīrán shēnxiàn nìjìng, Rén-Róngrong què

依然 保持着 乐观 的 心态。 没有了 工作， 正好 **有**
yīrán bǎochízhe lèguān de xīntài. Méiyǒule gōngzuò, zhènghǎo yǒu

大把 的 时间， 他 开始 自学 意大利语 和 日语。
dàbǎ de shíjiān, tā kāishǐ zìxué Yìdàlìyǔ hé Rìyǔ.

"文革" 10 年， 当 别人 身心俱疲 时， 他 却 收获了
"Wén'gé" shí nián, dāng biérén shēnxīnjùpí shí, tā què shōuhuòle

两 门 外语， 为 以后 的 儿童文学 翻译 做好了
liǎng mén wàiyǔ, wèi yǐhòu de értóngwénxué fānyì zuòhǎole

准备。
zhǔnbèi.

这样 乐观 和 **豁达** 的 心态， 其实 正 是
Zhèyàng lèguān hé huòdá de xīntài, qíshí zhèng shì

来自于 儿童文学。 儿童文学 成为 他 的 快乐源泉，
láizìyú értóngwénxué. Értóngwénxué chéngwéi tā de kuàilèyuánquán,

也 成为 他 的 **避风港**。 任溶溶 曾 说， "有 人
yě chéngwéi tā de bìfēnggǎng. Rén-Róngrong céng shuō, "Yǒu rén

说， 人生 是 **绕了 一 个 大圈**， 到了 老年 又 变得
shuō, rénshēng shì ràole yí ge dàquān, dàole lǎonián yòu biànde

和 孩子 一样。 我 可 不 赞成 '**返老还童**' 这 种
hé háizi yíyàng. Wǒ kě bú zànchéng 'fǎnlǎohuántóng' zhè zhǒng

说法， 因为 我 **跟** 小朋友 从来 没有 离开过。"
shuōfǎ, yīnwèi wǒ gēn xiǎopéngyou cónglái méiyǒu líkāiguo."

解読の手がかり

<u>当别人身心俱疲时</u>：「他の人が心身ともに疲れ果てているときに」。"当～时"も論説体表現で「～したとき」という意味を表します。"当～的时候"とも言います。

> 例文1：当努力与结果不成比例时，不要急于否定自己。
> Dāng nǔlì yǔ jiéguǒ bù chéng bǐlì shí, búyào jíyú fǒudìng zìjǐ.

> 例文2：当免疫力下降的时候，就很容易生病。
> Dāng miǎnyìlì xiàjiàng de shíhou, jiù hěn róngyì shēngbìng.

<u>和孩子一样</u>：「子供と同じだ」。否定する場合は"和～不一样"となります。

> 例文1：汽车和人的身体一样，都得多保养。
> Qìchē hé rén de shēntǐ yíyàng, dōu děi duō bǎoyǎng.

> 例文2：别轻易说，这个工作和我想的不一样。
> Bié qīngyì shuō, zhè ge gōngzuò hé wǒ xiǎng de bù yíyàng.

語 注

文革时期	「文化大革命の時期」。1966年～1969年に中国で大衆を動員して行われた政治闘争。
下放	「下放する」。文革期に知識人を地方の農村などに送り、末端での生活をさせたことを指します。
牛棚	「寒村の小屋」。本来は「牛小屋」の意味です。
有大把的时间	「あり余るほど時間がある」
豁达	「闊達な」「おおらかな」
避风港	「避難所」「隠れ家」
绕一个大圈	「大きな回り道をする」
可	「まったく」「どうしたって」。この"可"は話者の主観的な強い感慨を込める口調です。
返老还童	（四字成語）「子供返りする」
说法	「言い方」。動詞＋"法"でやり方を表します。 例）"吃法"「食べ方」
跟～从来没有离开过	「～と離れたことはない」
小朋友	「子供」。子供に呼びかけるときにも使えます。

年配者にとって児童図書と言えば、まず、頭に浮かぶのは「連環画」。ポケットサイズの横長の本は、上部が絵で、下に数行、横書きでストーリーがつづられていました。ジャンルは思想もの、歴史もの、民話や小説類など様々でした。

現代はアニメ時代。日本の漫画やアニメの全盛も、その原点は中国にあったのですが、日本で戦後、手塚治虫の作品などを筆頭に空前の漫画ブームが起こったのと対照的に、中国は文革以後の停滞もあり、はるかに後れを取ってしまいました。しかし、90年代ごろからこれではなるものかと国を挙げてその復興と発展に取り組み、現在ではすでに日本に習う時代から日本を凌駕する時代へと変わりつつあり、アニメの下絵づくりなども、日本が下請けを担うという逆転現象が垣間見られます。

《大闹天宫》《哪吒闹海》《九色鹿》《天书奇谭》など、次々とヒット作品が出現したのには、行政レベルのバックアップも見逃せません。例えばアニメ産業が盛んな杭州市は、アニメ・ゲーム産業発展センターが2020年に3156万元の補助金を出しており、同年の杭州市アニメ総生産額は258.9億元に達しています。中国には3.67億人の児童、年300万人近い新生児という膨大な小児市場があります。イギリスやアメリカの図書市場における児童図書の占有率が35％前後であることを考えれば、まだ30％に満たない中国の児童図書市場の前途は洋々と言えるかもしれません。

しかし、大量生産は質の低下も招来しかねません。中国の歴史文化に題材をとることにこだわりすぎず、読者を惹きつける新たなキャラクターの創造や質の向上も不可欠です。その意味で、近年、中国オリジナルの優れた幼児向けの絵本が急速に台頭しつつあることは朗報と言えましょう。

コトバのあれこれ ── 「王」はやはり憧れでしょう。

★懂王 dǒngwáng　　何でもわかる人。

★海王 hǎiwáng　　すごくモテる人（男性が多いようです）。

★碰瓷王 pèngcíwáng　　当たり屋で成功した人。

★颜王 yánwáng　　顔面偏差値が高い人。

★卷王 juǎnwáng　　競争に勝った人。昨年の流行語"内卷"（内部で競争する）が由来。

練習問題

第1課　2022年，中国的"超级航天年"

【一】日本語の意味に合うように、[　]から適当な語を選んで（　）を埋めてください。

(1) 初めて実現する　　　　　　　　　（　）次实现

(2) 2022年の年末　　　　　　　　　　2022年年（　）

(3) 正式に～時代の幕を開けるだろう　（　）正式开启～时代

(4) 1950、60年代　　　　　　　　　　（　）世纪五六十年代

(5) 1基目の人工衛星　　　　　　　　第一（　）人造卫星

[将　首　底　颗　上]

【二】日本語の意味に合うように、本文または例文から適当な語句を選んで（　）に入れてください。

(1) 13時間後に

（　　）13小时（　　）

(2) 3つの部分からなる

（　　）三个部分（　　）

(3) 5月24日から

（　　）5月24日（　　）

【三】日本語の意味に合うように、[　]内の語句を並べ替えてください。

(1) これは中国の宇宙飛行士の9回目の遠征です。

[征途　第九次　这是　踏上　中国航天员]。

―――――――――――――――――――――――――――――

(2) 中国は人工衛星を発射した世界で5番目の国になりました。

[第五个　成为　的　世界上　中国　发射　国家　人造卫星]。

―――――――――――――――――――――――――――――

(3) 中国は一連のロマンチックな名前を少しずつ現実のものにしています。

[让　变成　中国　名字　现实　浪漫的　逐渐　一系列]。

―――――――――――――――――――――――――――――

第 2 課　不破楼兰终不还

【一】日本語の意味に合うように、[　]から適当な語を選んで（　）を埋めてください。

(1)史書に現れる　　　　　　　　　　出现（　）史书
(2)合わせて 68 首ある　　　　　　　（　）有 68 首
(3)中国側が単独で撮影する　　　　　（　）中方单独拍摄
(4)1 つの考古チーム　　　　　　　　一（　）考古队
(5)1 体のミイラ　　　　　　　　　　一（　）木乃伊
[由　具　共　在　支]

【二】日本語の意味に合うように、本文または例文から適当な語句を選んで（　）に入れてください。

(1)かつて調査・統計を行った人がいる
有人（　）调查统计（　）
(2)ラジオを聞きながらご飯を作る
（　）听收音机（　）做饭
(3)歴史から見て
（　）历史（　）

【三】日本語の意味に合うように、[　]内の語句を並べ替えてください。

(1)楼蘭は当時すでに城郭を持つ国でした。
[在　是　一个　楼兰　已经　当时　城郭之国]。

_____

(2)王昌齢の名句も後世の中国人に影響を与えました。
[也　名句　影响了　中国人　后世的　王昌龄的]。

_____

(3)侯燦は 2 度にわたり命令を受け、考古チームを率いて楼蘭に入りました。
[进入　楼兰　侯灿　奉命　两次　率考古队]。

_____

第3課　胡月，超酷！

【一】日本語の意味に合うように、[ ]から適当な語を選んで（ ）を埋めてください。

(1)助け出される　　　　　　　　　（ ）救出来

(2)異様な目つきで見る　　　　　　（ ）异样的眼光看

(3)～を気にしすぎる必要はない　　不必（ ）在意～

(4)親しみを込めて彼女を～と呼ぶ　亲切（ ）称她是～

(5)よく笑う　　　　　　　　　　　（ ）笑

[地　太　爱　被　用]

【二】日本語の意味に合うように、本文または例文から適当な語句を選んで（ ）に入れてください。

(1)わずか12歳

（ ）12（ ）

(2)私は怪我を負ったけれども、～

（ ）我受过伤，（ ）～

(3)「閃光少女」に「いいね」を！

（ ）"闪光少女"（ ）！

【三】日本語の意味に合うように、[ ]内の語句を並べ替えてください。

(1)その中には足を切断した後にチョモランマに登った人もいました。

[人　的　登上　还有　其中　截肢后　珠穆朗玛峰]。

_____

(2)これは彼女と、デザインを学ぶ友達とが一緒にデザインしたものです。

[和　一起　这是　朋友　由她　设计的　学设计的]。

_____

(3)テスラとはどのような企業なのでしょうか。

[呢　是　一家　企业　特斯拉　什么样的]？

_____

第 4 课　国潮，仍在继续

【一】日本語の意味に合うように、［　　］から適当な語を選んで（　）を埋めてください。

(1)まったく新しいスタイルが現れる　　呈現（　）崭新的风格

(2)〜と関係がある　　　　　　　　　　（　）〜有关系

(3)有効な治療効果があった　　　　　　（　）到了有效的治疗效果

(4)1 人の中医学の医師　　　　　　　　一（　）中医师

(5)心理的な緊張　　　　　　　　　　　心理（　）的紧张

［与　　上　　出　　起　　位］

【二】日本語の意味に合うように、本文または例文から適当な語句を選んで（　）に入れてください。

(1)着た人がきれいに見える

（　　）穿（　　）好看

(2)重要な役割を果たす

（　　）重要（　　）

(3)緩和された

（　　）了（　　）

【三】日本語の意味に合うように、［　　］内の語句を並べ替えてください。

(1)伝統的な要素の添える程度の使い方は現代人の美的感覚によりマッチします。

［审美观　更符合　现代人的　点缀式用法　传统元素的］。

_____

(2)これらの任務を担ったのもすべて各地の中医薬大学でした。

［是　担任这些任务的　各地的　也　中医药大学　都］。

_____

(3)患者さんはみな積極的に中医治療に協力してくれました。

［积极配合　很　都　中医治疗　患者］。

_____

第5課 "帐篷经济" 折射消费新趋势

【一】日本語の意味に合うように、[ ]から適当な語を選んで（ ）を埋めてください。

(1)1張りのテント　　　　　　　　　　　一（　）帐篷
(2)スマホのカメラに向かって自撮りする　　対（　）手机镜头自拍
(3)7カ所のキャンプ場　　　　　　　　　　七（　）营地
(4)2019年になる前　　　　　　　　　　　到2019年（　）前
(5)10％しかない　　　　　　　　　　　　（　）有10％

[家　之　着　顶　只]

【二】日本語の意味に合うように、本文または例文から適当な語句を選んで（ ）に入れてください。

(1)行くと言ったら行く
（　　）走（　　）走
(2)2008年になってようやく好転した。
（　　）2008年（　　）有了起色。
(3)スマホもないし、インターネットもない
（　　）没有手机，（　　）没有互联网

【三】日本語の意味に合うように、[ ]内の語句を並べ替えてください。

(1)キャンプは広く好まれるレジャー・娯楽アクティビティの1つになっています。
[广受欢迎的　露营　之一　休闲娱乐活动　成为]。
_____

(2)旅行サイトでの「キャンプ」のアクセス人気度は過去最多を記録しました。
[旅行平台的　达到　在　历史峰值　"露营"　访问热度]。
_____

(3)今やキャンプの場面も多様化してきています。
[也　如今　场景　多元化　越来越　露营的]。
_____

第6課　北京冬奥点滴

【一】日本語の意味に合うように、［　］から適当な語を選んで（　）を埋めてください。
- (1)人々の記憶を新たにする　　　　　（　）人记忆犹新
- (2)～は言うまでもない　　　　　　　～（　）不用说了
- (3)二度と出られない　　　　　　　　再（　）无法出去
- (4)活躍している　　　　　　　　　　活跃（　）
- (5)今回の大イベント　　　　　　　　这（　）盛宴

［着　也　就　场　令］

【二】日本語の意味に合うように、本文または例文から適当な語句を選んで（　）に入れてください。
- (1)すべての関係者は「バブル」を離れてはいけない。
- （　）人员（　）不能离开"气泡"。
- (2)すごく面白い。
- （　）有趣（　）。
- (3)本場の中国料理のほかに～も
- （　）地道的中国菜,（　）～

【三】日本語の意味に合うように、［　］内の語句を並べ替えてください。
- (1)メディアの記者は2週間の隔離の後「バブル」を離れることができます。
  ［在　后　可以　离开　隔离两周　"气泡"　媒体记者］。

  _____

- (2)ご馳走はテーブルの上の機械化されたレールで自動的に配達されます。
  ［餐桌　上方的　美食　通过　自动送达　机械化轨道］。

  _____

- (3)彼女は自身のSNSで、中国語で北京に感謝を伝えました。
  ［社交媒体　她　感谢　用中文　在　上　北京　自己］。

  _____

第7课 字，也能写出时代感

【一】日本語の意味に合うように、[ ] から適当な語を選んで（ ）を埋めてください。

(1) 抵抗しがたい　　　　　　　　　　很（ ）抗拒

(2) 我慢できない　　　　　　　　　　忍不（ ）

(3) 優秀な成績で　　　　　　　　　　（ ）优秀成绩

(4) シンプルで浮ついていない　　　　简单（ ）不张狂

(5) 彼らにささやかな楽しみを提供する（ ）他们提供一点乐趣

[难　而　给　住　以]

【二】日本語の意味に合うように、本文または例文から適当な語句を選んで（ ）に入れてください。

(1) お金がたくさんあっても、無駄遣いをしてはいけない。

（ ）多有钱，（ ）不能大手大脚。

(2) どの文字もころころしている。

每个字都（ ）圆圆滚滚（ ）。

(3)「ギョウザ体」だろうと「チーズ体」だろうと、

"饺子体"（ ）"奶酪体"（ ），

【三】日本語の意味に合うように、[ ] 内の語句を並べ替えてください。

(1) 筆跡からは、その人の性格と品位も見て取れます。

[和　一个人的　品位　性格　观察出　通过笔迹　还可以]。

_____

(2) 採点する先生の印象点が上がらないはずがあろうか。

[不就　吗　印象分　上去　了　的　阅卷老师]？

_____

(3) ネットには「チーズ体」の書き方を専門に教える動画もあります。

[网上　的　视频　怎么写　专门教　"奶酪体"　还有]。

_____

第8課　飲食花絮

【一】日本語の意味に合うように、[　]から適当な語を選んで（　）を埋めてください。

 (1)オンラインで注文する   线上（　）单
 (2)「朝食地図」ができる   有（　）"早餐地图"
 (3)大勢の食いしん坊   一（　）吃货
 (4)急激に落ち込む   （　）断崖式下跌
 (5)必要な人にシェアする   分享（　）需要的人
 [呈　了　给　下　众]

【二】日本語の意味に合うように、本文または例文から適当な語句を選んで（　）に入れてください。

 (1)秋雨が降りさえすれば少し涼しくなるだろう。
 （　）下一场秋雨，（　）会觉得一点凉意。
 (2)北方の人は春節のたびに必ずギョウザを作る。
 北方人（　）到春节（　）要包饺子。
 (3)早くも2016年には〜を設立した。
 （　）2016年（　）成立了〜。

【三】日本語の意味に合うように、[　]内の語句を並べ替えてください。
 (1)「互聯宝地」団地には多くのインターネット業界の人が住んでいます。
 [住着　从业人员　"互联宝地"园区里　互联网　众多]。

---

 (2)ザリガニを食べることはある種の人づきあいとも言えます。
 [一种　小龙虾　也　是　吃　社交活动　可以说]。

---

 (3)彼は多くの店で売りに出せない「わけあり野菜や果物」を厨房に持ち帰ります。
 [將　帶回　店家　他　廚房　"醜蔬果"　許多　賣不出去的]。

第9課　年轻人不想要，老年人不会用

【一】日本語の意味に合うように、[　]から適当な語を選んで（　）を埋めてください。

(1)ビデオデッキを捨ててしまう　　　扔（　）录像机

(2)けっして優しくない　　　　　　　（　）不友好

(3)思いもよらない　　　　　　　　　没想（　）

(4)『新聞聯播』が見たいだけ　　　　（　）想看《新闻联播》

(5)見られなかった　　　　　　　　　没看（　）

　[上　到　并　就　掉]

【二】日本語の意味に合うように、本文または例文から適当な語句を選んで（　）に入れてください。

(1)放送しているうちに

播（　）播（　）

(2)きっぱり諦めて見ないことにした。

直接放弃，（　）看（　）。

(3)もし努力しなかったら、よい結果は出るはずがない。

（　）你不努力，（　）就不会有好的结果。

【三】日本語の意味に合うように、[　]内の語句を並べ替えてください。

(1)お年寄りを困らせているのもまさにテレビなのです。

[正　是　也　电视机　困扰　老人们　的]。

_____

(2)テレビには1つのボタンもありません。

[都　一个　电视机上　按钮　没有]。

_____

(3)市場にはシニアモデルのスマートテレビが現れました。

[智能电视　长辈模式的　市场上　出现了]。

_____

第 10 課　大熊猫是怎样取名的？

【一】日本語の意味に合うように、［　］から適当な語を選んで（　）を埋めてください。

(1) 第 31 回運動会　　　　　　　　　　　　第 31（　）运动会
(2) すべてのパンダ　　　　　　　　　　　　所（　）大熊猫
(3) 愛称を付ける　　　　　　　　　　　　　（　）乳名
(4)「シャオシャオ」と「レイレイ」のように　（　）"晓晓"和"蕾蕾"
(5) 呼びやすい　　　　　　　　　　　　　　便（　）呼喊

［如　届　有　于　取］

【二】日本語の意味に合うように、本文または例文から適当な語句を選んで（　）に入れてください。

(1) 公開募集で命名される
（　）公开征集（　）命名
(2) 生まれた時間によって順に〜と呼ばれる
（　）出生时间（　）叫〜
(3) 〜と命名される
（　）命名（　）〜

【三】日本語の意味に合うように、［　］内の語句を並べ替えてください。

(1) 成都の街角の至るところで、たいまつを持ったパンダのキャラクターが見られます。
［卡通大熊猫　火炬　一只　的　举着　到处可见　成都街头］。

_____

(2)「蓉宝」の命名は公開の投票で選ばれたものです。
［公开　的　命名　经过　"蓉宝"的　票选出来　是］。

_____

(3) それがどの国に行ったとしても、同じ名前です。
［它　的　走到　都是　名字　一样　无论　哪个国家］。

_____

第11課　数字化，助民生

【一】日本語の意味に合うように、［　　］から適当な語を選んで（　　）を埋めてください。

(1) 管理会社にクレームをつける　　　　　（　　）物业投诉

(2) かなり長いこと頭を悩ませる　　　　　烦恼了（　　）一阵子

(3) 彼を助けて悩みを解決する　　　　　　（　　）他解决了困扰

(4) 簡単に何度か操作する　　　　　　　　简单操作几（　　）

(5) 未来はすでに来ている　　　　　　　　未来（　　）来

［下　跟　已　好　帮］

【二】日本語の意味に合うように、本文または例文から適当な語句を選んで（　　）に入れてください。

(1) 私は緊張するとすぐ手が汗びっしょりになる。

我（　　）緊张，手（　　）冒汗。

(2) 大きくてはっきりしている

（　　）大（　　）清楚

(3) 教師は授業をするだけてなく人の育成もしなりればならない。

老师（　　）教书（　　）要育人。

【三】日本語の意味に合うように、［　　］内の語句を並べ替えてください。

(1)（長いこと待って、）いくら待っても自分が乗りたいバスは来ません。

等很久，［那趟　怎么也　自己　的　要坐　等不来］。

_____

(2) 次のバスは、あと10分たたないと来ません。

［下　才　到站　还有　10分钟　一趟车］。

_____

(3)「スマート公共交通」は市民の外出効率を大いに高めました。

［大大　市民的　提高了　出行效率　"智慧公交"］。

_____

第 12 課　辣椒大王的 "候鸟农业"

【一】日本語の意味に合うように、[　　]から適当な語を選んで（　）を埋め
てください。
　　(1)明代末期に　　　　　　　　　　（　　）明朝末年
　　(2)農民になる　　　　　　　　　　（　　）农民
　　(3)トウガラシを植えている　　　　（　　）种辣椒
　　(4)努力は心ある人を裏切らない　　功夫不（　　）有心人
　　(5)ちっぽけなトウガラシから来る　来（　　）小小辣椒
　　[当　在　自　于　负]

【二】日本語の意味に合うように、本文または例文から適当な語句を選んで
（　）に入れてください。
　　(1)辛味を特色とする
　　（　　）辣味（　　）特色
　　(2)面積はますます広くなる
　　面积（　　）来（　　）大
　　(3)楊意紅さんにとって
　　（　　）杨意红（　　）

【三】日本語の意味に合うように、[　　]内の語句を並べ替えてください。
　　(1)中国には誰もが知っていることわざがあります。
　　[有　人人皆知的　句　俗话　中国]。
　　_____

　　(2)湖南の人の食卓で何より大事なのがトウガラシです。
　　[餐桌上　辣椒　就是　湖南人　最最重要的]。
　　_____

　　(3)湖南の地の気候と土壌はけっしてトウガラシ栽培に向いていません。
　　[并　和　气候　土壤　不适合　种植辣椒　湖南本地的]。
　　_____

第13課　消費中看时代之变迁

【一】日本語の意味に合うように、[　]から適当な語を選んで（　）を埋めてください。

(1) 観光地として行く　　　　　　（　）旅游景点去

(2) 1995 年から　　　　　　　　（　）1995 年

(3) 東三環に住んでいる　　　　　（　）住东三环

(4) 特別な例外ではない　　　　　并（　）孤例

(5) ～を見てから買う　　　　　　看了～以后（　）买

[再　家　自　当　非]

【二】日本語の意味に合うように、本文または例文から適当な語句を選んで（　）に入れてください。

(1) カルフールをぶらぶらするのは街歩きと同じだ。

逛家乐福就（　）逛街（　）。

(2) 1 つの山もない

（　）一座山（　）没有

(3) 注文するとき

（　）下单（　）

【三】日本語の意味に合うように、[　]内の語句を並べ替えてください。

(1) カルフールは中国で 20 軒の店舗を閉店しました。

[在中国　20家　家乐福　店铺　关闭了]。

_____

(2) 昔ながらのスーパーの業態はすでに崖っぷちに立たされているようです。

[走到　传统　已经　似乎　悬崖边　超市业态]。

_____

(3) 人々は買い物にあまり多くの時間をかけたがらなくなりました。

[上　花　了　人们　不想　太多的　在　时间　买东西]。

_____

第14课 00后"整顿"职场

【一】日本語の意味に合うように、[　]から適当な語を選んで（　）を埋め
てください。

(1)リストラされたのに～を受け取れない　　　被裁（　）拿不到～

(2)6時にちょっと会議を開く　　　　　　　　6点开（　）会

(3)苦労ができない　　　　　　　　　　　　吃不（　）苦

(4)もっと納得できるものになる　　　　　　变（　）更合情合理

(5)世代を追うごとに劣化している　　　　　一代不（　）一代

[个　得　如　却　了]

【二】日本語の意味に合うように、本文または例文から適当な語句を選んで
（　）に入れてください。

(1)先輩たちと比べて

（　　）前辈们（　　）

(2)85年以降生まれより10ポイント上回る

（　　）85后（　　）10个百分点

(3)仕事をするようになったのだから、こういう覚悟が必要だ。

（　　）你工作了，（　　）有这样的觉悟。

【三】日本語の意味に合うように、[　]内の語句を並べ替えてください。

(1)モーメンツの1枚のスクショが熱い議論を引き起こしました。

[引起了　截图　朋友圈　热议　一张　的]。

_____

(2)なぜもっと早く言ってくれないんですか。

[不　说　为什么　点　早]？

_____

(3)それぞれの世代の価値観には違いがあるものです。

[价值观　的　每　存在　就是　一代人　差异]。

_____

第15課 《没头脑和不高兴》之父在百岁生日

【一】日本語の意味に合うように、［　　］から適当な語を選んで（　　）を埋めてください。

(1)今でも名作だ　　　　　　　　　至今（　　）是经典之作

(2)たっぷりの時間　　　　　　　　大（　　）的时间

(3)2つの外国語　　　　　　　　　两（　　）外语

(4)児童文学から来ている　　　　　来自（　　）儿童文学

(5)しかし私は～に賛成しない　　　我（　　）不赞成～

　　［于　门　可　把　仍］

【二】日本語の意味に合うように、本文または例文から適当な語句を選んで（　　）に入れてください。

(1)国語などの授業を除いて

（　　）国文等课程（　　）

(2)他の人が心身ともに疲れ果てているときに

（　　）别人身心俱疲（　　）

(3)子供とはこれまで離れたことがない。

我跟小朋友（　　）没有离开（　　）。

【三】日本語の意味に合うように、［　　］内の語句を並べ替えてください。

(1)彼の人生はそれで児童文学と切っても切れない縁を結びました。

［就　人生　他的　结下了　不解之缘　跟儿童文学］。

_____

(2)このお話は1962年にアニメ化されました。

［被改编成　这个　动画片　在1962年　故事］。

_____

(3)彼はその後の児童文学翻訳のためにしっかりと準備をしました。

［以后的　做好了　他　准备　儿童文学翻译　为］。

_____

出典

第1课 2022年，中国的"超级航天年"

中国青年报 2022年7月26日《中国航天上演"分量最重"的太空之吻》
科技橱窗 2022年7月17日《我国航天事业发展历程》

第2课 不破楼兰终不还

光明日报 2022年1月27日《中国学者在楼兰研究上有了发言权》
光明日报 2022年5月28日《"不破楼兰终不还"——《楼兰考古调查与发掘报告》出版始末》

第3课 胡月，超酷！

澎湃新闻 2022年6月4日《胡月，超酷！》

第4课 国潮，仍在继续

中国网科技 2022年1月6日《2022十大生活趋势》
人民网 2020年2月24日《走进核心！揭秘新冠肺炎中药汤剂的"诞生"过程》

第5课 "帐篷经济"折射消费新趋势

人民日报 2022年6月9日《露营走红的启示》

第6课 北京冬奥点滴

环球网 2022年1月14日《法媒：北京冬奥会的"气泡式"闭环管理是什么》
央视财经 2022年1月29日《美食"从天而降"！探秘冬奥智慧餐厅！"大厨"24小时待命》
中国青年报 2022年3月1日《志愿者是冬奥最温暖的光》

第7课 字，也能写出时代感

优质教育领域创作者 2022年3月20日《"赵今麦体"受学生喜爱，多数学生争相模仿，批卷教师也赞不绝口》
兜妈爱叨叨（北京信思贤科技官方帐号） 2021年3月5日《小学生"奶酪"字体流行，工整清晰又可爱，老师：看见就想扣分》

第8课 饮食花絮

中国经济网 2022年1月5日《上海"早餐地图"为上班族营造晨间幸福》
瀚海观察（上海财经领域创作者） 2022年6月7日《小龙虾网红带货呈断崖式下跌？年轻人为啥突然不爱吃小龙虾了？》

作者：Home Run Taiwan 2022年2月《別讓剩食直接變廚餘，讓食物發揮最大效應，用「吃」連結人與人的情感——專訪剩食推廣者 葉凱維》

第9课　年轻人不想要，老年人不会用

播报文章　2021年9月15日《这届年轻人搬家最想"抛弃"的家电，彩电竟排首位》
北京青年报　2022年2月28日《电视不够智能　老年人希望直接"对话"》

第10课　大熊猫是怎样取名的？

人民日报　2021年11月18日《大熊猫是怎样取名的？》

第11课　数字化，助民生

人民网　2021年12月21日《数字管家进小区　办好身边民生事》
湖南日报　2021年6月23日《望城区："智慧公交"让群众出行更便捷》

第12课　辣椒大王的"候鸟农业"

人民日报　2022年2月22日《60年培育300多个辣椒新品种，杨意红》
华声在线　2022年6月29日《身为湖南人的"偏爱"，81岁老人培育300余辣椒品种》

第13课　消费中看时代之变迁

光明网　2022年7月12日《多个品牌大卖场近年关闭　新消费时代传统卖场如何求变？》
证券日报　2021年11月12日《Soul发布Z世代双十一报告：理性消费占主流　超四成年轻人会全网比价》

第14课　00后"整顿"职场

中国青年报　2022年6月24日《00后"整顿"职场的勇气》

第15课　《没头脑和不高兴》之父百岁生日

澎湃新闻　2022年5月18日《儿童文学作家任溶溶百岁：一个不老的孩童》
北京日报　2022年5月19日《任溶溶百岁寿辰：我的一生就是个童话》

图版出典

Shutterstock（p.1上、p.19下、p.25、p.43上、p.55）、央视新闻（p.1下）、百家号（p.19上）、网易号（p.31）、三湘都市报（p.61、p.67）、中恩教育企业管理课程（p.73上）、上海美术电影制片厂（p.85下）

表紙デザイン：大下賢一郎
photos
表1：Future Publishing/Getty Images
表4：Jerry Lin/Shutterstock.com

時事中国語の教科書 ‒2023年度版‒ 〈CD付〉

検印廃止	© 2023 年 1 月 31 日　初版発行

著　　者	三潴　　正道（麗澤大学名誉教授）
	陳　　　祖蓓（外務省研修所）
	古屋　　順子（ともえ企画）

発 行 者	小川　洋一郎
発 行 所	株式会社　朝日出版社
	101-0065 東京都千代田区西神田 3 - 3 - 5
	電話(03)3239-0271・72(直通)
	振替口座　東京　00140-2-46008
	http://www.asahipress.com
	倉敷印刷

乱丁，落丁本はお取り替えいたします
ISBN978-4-255-45373-6 C1087
本書の一部あるいは全部を無断で複写複製（撮影・デジタル化を含む）
及び転載することは、法律上で認められた場合を除き、禁じられてい
ます。